Fleurir avec ses idées

ISBN : 978-2-8132-2349-4

www.editions-tredaniel.com
info@guytredaniel.fr
www.facebook.com/editions.tredaniel
@editions_tredaniel

Fleurir avec ses idées

Manuel pratique pour concrétiser ses projets

Émilie Drouet

Guy Trédaniel éditeur
19, rue Saint-Séverin
75005 Paris

À mes abonnés :
Merci du fond du cœur pour votre soutien, votre fidélité et votre bienveillance ! Sans vous, ce livre n'existerait pas.

À mes proches :
Merci à mon chéri, ma famille et mes amis d'avoir toujours cru en moi et de m'avoir encouragé à suivre ma route.

Sommaire

Avant-propos

D'Émilie Drouet à Rose Poudré

Comment suis-je devenue Rose Poudré ?

Je suis une enfant unique qui a grandi dans la campagne sarthoise au milieu des animaux. Mes parents m'ont transmis des valeurs de partage, de gratitude et de bienveillance.

En grandissant, comme tout le monde, j'ai connu des difficultés, des peines de cœur et fait des erreurs. J'ai acheté une maison à 20 ans, j'ai tout quitté, un an plus tard, avec ma confiance à reconstruire. Je me suis cherchée à Lille et à Paris, puis je me suis retrouvée dans Rose Poudré.

Tout a commencé en juillet 2012, quand j'ai ouvert mon compte Instagram @rose.poudre. Au début, ce n'était qu'un simple album photo. Les posts sont toujours là pour le prouver !

Au fur et à mesure, je me suis rendu compte que les gens appréciaient vraiment mes partages. Alors, tout en travaillant de nuit dans l'hôtellerie, j'ai commencé à améliorer mes photos et à partager mes passions et mes conseils. Au fil des posts, j'ai développé mon sens artistique, ma créativité et mon lien avec mes abonnés. Ça reste, à ce jour, ce que je préfère sur ce réseau.

Dans les années qui ont suivi, j'ai écouté les conseils de ma communauté et je me suis lancée sur d'autres réseaux : Snapchat puis YouTube. Ce dernier est un média qui, depuis février 2016, correspond totalement à ma personnalité. J'ai commencé par filmer des vidéos sur mon premier amour : la beauté. Mes contenus ont naturellement évolué en même temps que moi vers le bien-être.

J'ai quitté mon travail, je me suis lancée dans l'entrepreneuriat et, aujourd'hui, je suis fière de dire que je suis libre et comblée !

Je travaille pour moi-même en tant que créatrice de contenus digitaux, mais aussi pour d'autres marques dans la communication web. Je mène, en parallèle, plusieurs projets personnels qui me tiennent à cœur, parmi lesquels figure ce livre.

Introduction

De Rose Poudré à Émilie Drouet

Le plaisir se ramasse, la joie se cueille
et le bonheur se cultive.

– Bouddha

En juin 2017, j'ai lu mon premier livre de développement personnel : *Ta deuxième vie commence quand tu comprends que tu n'en as qu'une*[1], écrit par Raphaëlle Giordano. Cette découverte a engendré une véritable prise de conscience ! Un jour après avoir refermé ce livre, je me suis reconnectée à moi-même, à celle qui a toujours été là au fond de moi, mais que je n'osais réveiller.

C'est d'abord mon alimentation qui a évolué, puis la conscience de mon impact sur le monde, et enfin mon développement personnel. J'avais l'impression de tout redécouvrir ! Je me posais un million de questions sur moi, sur mes croyances, mais aussi sur la société. J'appelle cette période ma « boulimie culturelle et personnelle » ! J'ai étanché ma soif de connaissances, je me suis énormément documentée à travers toutes les sources qui s'offraient à moi. Et finalement, après quelques mois, j'ai pris le temps de digérer tout cela pour l'intégrer et devenir celle que je suis aujourd'hui : « Émilie Drouet Rose Poudré ».

C'est riche de cette évolution que j'échange régulièrement sur le sujet avec ma communauté web. Je prends beaucoup de plaisir

1. Raphaëlle Giordano, *Ta deuxième vie commence quand tu comprends que tu n'en as qu'une*, Eyrolles, 2015.

à partager les outils qui m'ont permis de me redécouvrir *via* mes différents contenus digitaux. En effet, mes parents m'ont toujours dit que « les bonnes choses se partagent ». Cette phrase me guide encore aujourd'hui.

Alors, comment transmettre toutes ces notions et ces conseils de vie au plus grand nombre ? À mon sens, il est extrêmement important de rendre le développement personnel accessible à tous. Je suis convaincue que nous avons tous à y gagner sur un plan personnel comme sociétal. C'est ce que j'aspire à réaliser avec ce guide pratique présentement entre tes mains.

Au fil des années, j'ai toujours fourmillé d'idées de projets qui n'ont jamais abouti. À peine écloses, ces envies se fanaient par manque d'arrosage. Parfois, je les oubliais ou, plus souvent, je trouvais des excuses pour ne pas les cultiver. Enfant, j'ai voulu tester la poterie, mais je ne l'ai jamais fait. Plus tard, j'ai eu des envies de mannequinat grande taille, qui sont restées au placard. Je ne compte plus le nombre de fois où je me suis dit : « J'ai une super idée, je vais faire ça », sans jamais me lancer.

Avec du recul, je me rends compte que les meilleurs moments de ma vie sont liés aux projets que j'ai menés à bien. Comme celui de quitter un travail très sécurisant sans aucun plan de secours. Ou encore le projet d'écrire un livre...

Aujourd'hui, je suis convaincue que la réalisation de nos idées participe à notre plein épanouissement. Qui n'a pas la tête pleine d'idées à cultiver ? Que nous ayons de petits ou de grands projets, qu'il s'agisse d'un road trip, d'apprendre la peinture, de créer son entreprise, de lancer sa chaîne YouTube ou d'acheter une maison, il sommeille en chacun de nous une envie qui ne demande qu'à germer ! Ce sont ces idées qui nous reconnectent à notre vrai « Moi ». Ce sont elles qui nous permettent de nous dépasser, de nous retrouver et de nous rendre heureux.

Comment faire fleurir ses idées et réussir à éclore en même temps ? Qu'est-ce qu'un rêve, après tout, si ce n'est une idée en laquelle on ne croit pas vraiment ? Que faut-il pour faire d'un rêve un projet ? Il suffit d'y croire et de se donner les moyens de le réaliser.

Alors, comment concrétiser ses projets ? Dans ce livre, je te guide sur le chemin de l'action et de la réussite. Ce guide est composé de sept chapitres pour accomplir ton projet. Tu y trouveras des conseils, des témoignages et des exercices simples que tu pourras faire à ton rythme. Ensemble, nous allons mettre au jour tes envies, vaincre tes appréhensions, booster ta confiance en toi, mettre en place des outils ludiques et des astuces imparables – tout cela, pour enfin réaliser ton rêve ! Et n'oublie pas que le chemin compte plus que la destination. C'est le but de ce livre : t'accompagner jusqu'au succès, mais aussi tout au long de ta vie.

Avoir le courage d'entreprendre quelque chose est l'un des principaux facteurs du succès.

– James A. Worsham

Alors, es-tu prêt ? Si tu réponds oui à cette question, plus de retour en arrière, on y va !

Réaliser ton rêve

POURQUOI CE LIVRE
EST-IL ENTRE TES MAINS ?

*Il faut beaucoup de courage
pour oser être heureux pleinement.
Il est plus facile, mais plus lâche,
de se contenter d'un petit bonheur
routinier que rien ne vient déranger.*

– Marcelle Bourgault

TOUT EST EN TOI

Bravo ! Si tu lis ces lignes, c'est que tu es motivé pour réaliser ton projet ! Le fait que tu aies ce guide entre tes mains n'est pas un hasard ; il t'a trouvé, tu l'as trouvé, c'est le bon moment. C'est toujours le bon moment quand quelque chose arrive. Cela signifie que tu es prêt, que tu peux relever ce défi, car tu en as les ressources en toi. Oui, tu as bien lu, *tout est en toi*. Avec ce guide, je vais t'aider à en prendre conscience et je vais te donner les outils pour mobiliser tes atouts. Mais je ne peux rien faire sans toi. Je ne peux que te guider, te proposer des pistes et te poser les bonnes questions. Toi seul détiens les réponses. Tu es l'unique artisan de tes rêves, de ton succès et de ton bonheur. Ici et maintenant, tu prends les commandes de ta vie, tu deviens acteur du changement que tu attendais. Rien n'est plus euphorisant que de se lancer dans quelque chose de nouveau ! Il est vrai que cela rime souvent avec « sortir de sa zone de confort », mais ça, on y reviendra plus tard. Te lancer dans la réalisation de ton rêve, c'est la garantie de vivre sans regret et de gagner une fierté immense.

DU TEMPS POUR SOI

Alors, pourquoi n'as-tu pas encore réalisé ce projet qui occupe ton esprit ? Peut-être as-tu l'impression d'être piégé par ton quotidien et tes obligations ? Peut-être attends-tu impatiemment le week-end ou les vacances pour te lancer, mais, en fait, tu es trop fatigué pour entreprendre quoi que ce soit ? Et, finalement, tu reprends ton travail le lundi matin aussi vide que la semaine passée. Métro, boulot, dodo. Il n'y a aucun mal à avoir une petite routine qui berce ses journées. En revanche, en se laissant hypnotiser par ce rythme, on peut passer à côté de soi et perdre de vue ce qui nous rend vraiment heureux. Comme des envies auxquelles on n'accorde pas beaucoup d'attention. Entendons-nous bien : moi aussi, de temps en temps, ça me fait du bien de passer la journée devant la TV. Mais est-ce que je me sens épanouie après ça ? Il y a un temps pour tout, y compris pour se reposer et se détendre. Mais celui que l'on oublie souvent, c'est le temps pour soi. Quand un moment calme se présente, on préfère souvent ne pas se poser de questions et se vider la tête. Et, petit à petit, on s'endort et on oublie d'accorder du temps aux choses qui nous passionnent et qui nous enrichissent. Le temps pour SOI, c'est un temps pour cultiver son bonheur. Et, pour beaucoup, le bonheur est au bout d'un projet. Ce rêve que l'on voit miroiter au loin.

Aujourd'hui, c'est l'heure de réaliser ce rêve. La personne la plus importante de ta vie, c'est toi. Ce sera toujours toi. Ce n'est pas égoïste de se faire passer en premier. N'aie pas honte de te concentrer un peu sur tes envies. Concrétiser un projet prend du temps, il faut que tu te l'accordes sans culpabiliser. Tu as sûrement déjà entendu cette phrase qui dit que « pour aimer les autres, il faut d'abord s'aimer soi-même ». Cela fonctionne aussi pour le bonheur ; tu ne peux pas en donner si tu n'en as pas. Et ce bonheur, on va aller le chercher dans la concrétisation de ton projet ! Je vais même te dire un secret que je te réservais pour la fin : quand tu auras fini ce livre et que tu auras tout donné pour réaliser ton rêve, tu pourras revenir ici et en imaginer un nouveau ! Il n'y a aucune règle, pas de quota, rien que du plaisir.

D'ailleurs, sais-tu que tu as déjà réalisé plusieurs de tes rêves ? Par exemple, te souviens-tu de ton rêve d'enfant d'avoir un chien ? Aujourd'hui, tu es peut-être l'heureux compagnon d'un ami à quatre pattes ! On a tendance à oublier la satisfaction et la fierté qu'apporte un rêve une fois qu'il est réalisé. Alors, prends quelques minutes pour te souvenir de ces projets concrétisés. Peut-être que tu as déménagé dans la ville qui te plaisait, que tu as fondé une famille ou que tu as participé à un marathon… Se lancer dans un nouveau projet peut sembler très compliqué, il faut être prêt à fournir des efforts, à tout mettre en œuvre pour favoriser son succès. Mais c'est tout de suite plus accessible quand on se rend compte qu'on l'a déjà fait avant. Et sache qu'il n'est jamais trop tard pour se fixer de nouveaux objectifs. Il n'y a pas d'âge pour rêver, alors il n'y a pas de date limite pour réaliser ses rêves ! Prends la décision, aujourd'hui, d'aller au bout de tes envies et donne-toi les moyens de les accomplir.

Je te donne un dernier conseil avant que tu te lances vraiment dans l'action : assure-toi d'être entouré de personnes bienveillantes. Il y aura toujours des sceptiques, des proches qui pensent bien faire, qui auront peur pour toi. Mais c'est important que tu leur expliques qu'il s'agit de ta vie, de ton choix et de ton rêve. Tu es la seule personne qui sait ce qui est bon pour toi. Bien sûr, je ne te dis pas d'être hermétique aux conseils et de n'écouter que toi. Mais ce que tu entreprends, tu le fais pour toi. Tu n'as rien à prouver à personne. Si ton projet est d'escalader une montagne, tu vas t'entraîner, travailler et, petit à petit, repousser tes limites. Tu auras sûrement besoin d'encouragements, mais certainement pas de l'avis de ceux qui ne croiront pas en toi. Si tu côtoies ce type de personnes, je t'invite à te construire un petit cocon de confiance en toi pour ne pas les laisser t'atteindre. Et je t'encourage à te rapprocher de gens qui te soutiennent, qui t'écoutent et qui seront là pour toi. Dans tous les cas, que tu aies la chance d'être déjà bien entouré ou non, il y a quelque chose d'indispensable au succès, c'est la confiance en soi ! Ne t'inquiète pas si ce n'est pas ton sujet de prédilection, je vais très bientôt t'en reparler !

AFFINER TES IDÉES

OK, tu es prêt et motivé à réaliser ton rêve. C'est le moment de franchir la première étape concrète : créer un espace dédié à ce nouveau projet. Fais-lui de la place dans ta tête, comme dans ton bureau. Choisis un carnet ou crée un document sur ton ordinateur pour y noter absolument tout ce qui se rapportera à ton rêve. Tu peux commencer par écrire ce en quoi consiste ton idée. S'agit-il d'un changement de carrière ? Rêves-tu d'apprendre l'italien ? Souhaites-tu reprendre tes études, lancer un blog ou encore devenir un pro de la natation synchronisée ? Il n'y a pas de projet plus important qu'un autre. Tous ont leur place, car s'ils sont importants pour toi, ils valent la peine d'être considérés. Mais, comme Rome ne s'est pas construite en un jour, dans un premier temps, essaie de te focaliser sur un seul rêve. Si c'est difficile pour toi de prioriser, la prochaine étape devrait t'aider.

Je t'invite à classer ton ou tes rêves dans différentes catégories : les « énormes inaccessibles » (habiter sur la Lune), les « grands mais possibles » (devenir une star de cinéma), les « moyens à ta portée » (quitter son travail) et les « petits qui n'attendent que ça » (apprendre à chanter).

Est-ce que je vais te donner les clefs pour gagner au loto ? Non, même si Normand Reid a dit que « pour gagner, il faut commencer par jouer ». À bon entendeur ! Non, ici, nous allons nous concentrer sur les grands, les moyens et les petits rêves. Alors, dans quelle catégorie places-tu le tien ? Attention, je t'arrête tout de suite, partir vivre au bout du monde n'est pas inaccessible ! Tu vas vite te rendre compte que peu de rêves le sont, d'ailleurs. Et non, pas de « mais », ici, c'est interdit. Rendez-vous au prochain chapitre pour parler de tes peurs et de tout ce qui t'a empêché jusqu'ici de concrétiser ton projet.

Profite de ce moment pour vraiment poser des mots sur tes idées. Parfois, tout est très clair dans notre tête, mais quand il faut le formuler, c'est autre chose ! Écris les mots-clefs, ce qui est le plus important, puis crée une phrase courte qui soit bien claire pour toi. Je te conseille de trouver une formulation positive et déterminée pour exprimer ton projet. Transforme « Travail – changement – ras-le-bol » en : « J'aimerais arrêter de faire un travail que je n'aime pas. » Puis en : « Je vais exercer un nouveau métier épanouissant. » Dans les faits, c'est la même chose, mais il est important, pour commencer, que ton projet soit bien défini et qu'il te motive.

Soit également certain de ne faire reposer ce rêve que sur toi. Tu ne peux pas te fixer des objectifs qui visent à changer les autres, ou qui soient dépendants des autres. Tu es le scénariste, le metteur en scène et l'acteur. Si tu veux trouver l'amour, tu ne peux pas forcer quelqu'un à t'aimer. Ce que tu es en mesure de faire, en revanche, c'est de mettre toutes les chances de ton côté pour y arriver. Et ça, personne ne pourra le faire pour toi.

ET LE BONHEUR ?

Ça y est, ton idée est là, devant tes yeux. C'est le moment de te demander si sa concrétisation te rendra vraiment heureux. Ou est-ce que c'est un projet imposé par la société, tes proches, ta carrière ? Peut-être aussi que cette envie ne date pas d'hier, et qu'elle ne correspond plus à la personne que tu es devenu. Par exemple, j'ai longtemps pensé que mon plus grand rêve était de faire le tour du monde ! Peu après mes 30 ans, ce n'était plus le cas. Je m'en suis rendu compte très simplement : j'ai essayé. En 2019, j'ai beaucoup voyagé. Ce fut un test parfait pour voir si ce mode de vie me conviendrait. Je t'invite à faire de même si cela t'est possible. Si tu veux traverser la Manche à la nage, vérifie que tu aimes vraiment l'eau. Ça peut paraître bête, mais parfois il faut se confronter à une situation pour se rendre compte que ce n'est pas pour soi. Alors, informe-toi le plus possible sur ce que signifie réaliser ce rêve, et n'hésite pas à modifier ta liste. Rien n'est figé, nous évoluons tous différemment au cours de notre vie. Et, comme certains amis vont et viennent, les envies font de même.

Finalement, grâce à cette période de test, je me suis rendu compte que bien que j'adore voyager, le projet qui me tenait le plus à cœur était ailleurs. Et je le réalise en partie maintenant avec l'écriture de ce livre. Ça va te sembler très mielleux, mais mon plus grand rêve, c'est d'améliorer TA vie. C'est de rendre le monde meilleur et de répandre le bonheur. Ce n'est pas mon seul rêve, bien sûr, mais c'est le plus grand, la trame de fond qui guide mes choix.

Alors, je te le demande : est-ce que ton idée va améliorer ta vie ? Ton rêve te rendra-t-il meilleur ? Si c'est oui, on avance ! Si c'est non, prends le temps de redéfinir tes envies et ce qui te procure de la joie. N'hésite pas à commencer petit et à te fixer un objectif facilement atteignable, par exemple apprendre à danser la salsa. L'important, c'est que la réalisation de ce projet te guide vers une meilleure version de toi, en d'autres termes, vers le bonheur. Car il n'y a pas meilleure motivation que le plaisir. Souviens-toi comme tu as vite appris par cœur toutes les chansons de ton artiste préféré ! En revanche, les tables de multiplication, ça n'a pas été la même affaire… Le plaisir est un carburant inépuisable, il doit être au cœur de ton projet.

POURQUOI, COMMENT, QUAND ?

Maintenant que tu es sûr de ton idée, je vais te proposer de répondre à plusieurs questions que tu connais très bien : pourquoi ? Comment ? Quand ? Le *quoi*, tu l'as déjà. D'ailleurs, tu peux lui donner un petit nom de code, comme « Projet Bonheur », « Plan Rêve » ou ce qui t'inspire.

Le *pourquoi* est extrêmement important, car c'est là que réside toute ta motivation. Pourquoi ce projet te tient-il à cœur ? C'est en répondant à cette question que tu vas puiser toute l'énergie, la force et la volonté d'aller jusqu'au bout ! Alors, attrape ton stylo et pose-toi cette question. Tu peux y répondre sous forme de mots-clefs, tu peux rédiger ou faire un schéma, c'est comme tu veux. L'important, c'est que tu trouves au moins 5 raisons qui te poussent à vouloir concrétiser ton idée. Oui, 5. Ça peut paraître beaucoup, mais si c'est quelque chose que tu désires vraiment, si le bonheur est au bout, tu vas y arriver.

Pour te donner un exemple, je vais te confier mes 5 motivations concernant l'écriture de ce livre :

1. Je suis absolument convaincue de l'importance du bien-être et du développement personnel. J'ai à cœur de faciliter cet accès pour que tout le monde puisse en bénéficier. Car je pense que c'est avec des individus plus épanouis et conscients de leur place dans le monde que nous pourrons créer ensemble une société bienveillante.

2. La transmission, pour moi, est essentielle. Je prends un plaisir immense à partager mes découvertes, mes astuces et mes conseils avec ma communauté web. À travers ce livre, je souhaite partager avec le plus grand nombre.

3. Comme beaucoup de choses dans ma vie, quand je ne trouve pas la solution ailleurs, je la crée. Et j'adore créer ! Que ce soit à travers la photographie, les vidéos, la peinture, l'écriture... Alors, ne trouvant pas le livre de bien-être simple et concret dont j'avais envie, je l'ai créé.

4. J'essaie de faire partie d'un cercle vertueux. Ces dernières années, j'ai accumulé beaucoup de connaissances qui m'étaient nécessaires pour évoluer. Aujourd'hui, je partage les miennes pour permettre aux autres d'en faire autant.

5. Tout arrive au bon moment. Si j'écris ces lignes aujourd'hui, c'est que je suis prête, mais aussi que j'en ai besoin. Dans toute création, il y a souvent une partie cathartique. La mienne réside dans la guérison de mon syndrome de l'imposteur. Nous en reparlerons très vite.

Désormais, tu sais vraiment *pourquoi* ton projet est si important pour toi. Je t'invite maintenant à te demander *comment* tu peux le réaliser ? Encore une fois, ce n'est pas le moment de lister ce qui t'en empêche. Ce que j'aimerais que tu écrives, c'est tous tes outils, tout ce qui est à ta portée, tout ce que tu as déjà conscience d'avoir. Il peut s'agir de choses concrètes, comme tes économies ou du matériel. Mais c'est aussi tout ce qui est en toi : tes connaissances et tes talents. Enfin, n'oublie pas que tu n'es pas seul. Les gens autour de toi, tes proches, ton réseau et tes contacts sont également de formidables atouts sur lesquels tu peux compter. Même si tu as des doutes, si tu n'es pas sûr à 100 % des outils que tu listes, note tout ! On y reviendra en profondeur plus tard, mais, en attendant, tu vas pouvoir te rendre compte que tu ne pars pas de rien. Les rêves que nous avons nous ressemblent, ils sont nés de nos envies, ils sont nous. Si tu peux le rêver, tu peux le réaliser.

Et la dernière question que je vais te poser dans ce premier chapitre, c'est *quand* ? Il est important pour ton projet de te fixer une date limite. Il ne s'agit pas de t'imposer une pression inutile, mais de te donner les moyens de réussir. Je suis certaine que tu as déjà remis quelque chose au lendemain. Voire au surlendemain, à l'année prochaine, ou même à dix ans plus tard. Sans parler de procrastination, c'est une attitude opposée à l'action. Et il n'y a que par l'action que les rêves se réalisent. Poser une *deadline*, c'est aussi te permettre d'avoir une vision sur le long terme et d'organiser les différentes étapes de ton projet.

Bien sûr, tout va dépendre de ton rêve. Si tu veux créer une association ou parler couramment mandarin, la date limite ne sera pas la même.

Tu peux classer ton projet dans trois catégories : court terme (1 à 5 mois), moyen terme (6 mois à 1 an) et long terme (1 à 5 ans).

Quand on s'en donne les moyens et qu'on se rend disponible, beaucoup de projets peuvent être concrétisés à court terme. Pour les rêves à long terme – comme obtenir un diplôme –, on peut décortiquer les grandes étapes et se fixer plusieurs échéances. Par exemple, si la formation dure trois ans, on le découpera par années. Pour déterminer la date limite tu dois estimer objectivement le temps qu'il te faut pour réaliser ce projet. La période doit être suffisamment courte pour te pousser à l'action, et suffisamment longue pour aboutir au succès. Par exemple, si tu veux passer ton permis, tu vas estimer avec ton moniteur un nombre d'heures raisonnable de cours qui devrait te garantir la réussite.

Tu peux mettre cinq ans à passer cet examen, si tu n'as pas de date limite. Tu sais, en revanche, que ça risque d'être compliqué de le passer en trois jours. Le but est que tu évalues le temps dont tu as vraiment besoin et qu'il ne soit pas trop long, auquel cas tu perdrais ta motivation.

Prends le temps de bien répondre à toutes ces questions avant de continuer ta lecture. Ce guide est conçu comme une recette ; tu ne voudrais pas te retrouver avec un gâteau au chocolat sans chocolat ? Pour ton projet, c'est pareil : chaque chose en son temps. Écoute-toi et avance à ton rythme. Si tu veux prendre un jour pour répondre à chaque question, tu peux le faire. Si tu es en pleine éruption créative, tu peux aussi avaler ce livre en une journée. Fais-toi confiance, tu es la personne sur Terre qui te connaît le mieux.

Si tu es prêt à passer à la prochaine étape, je vais t'expliquer ce qui t'attend. À la fin de chaque chapitre, tu vas pouvoir retrouver un témoignage, un exercice et un résumé sous forme de *to-do list*. Les témoignages que j'ai recueillis ont été généreusement offerts par des gens qui ont concrétisé avec succès l'un de leurs projets. Imprègne-toi de leurs conseils, de leurs erreurs et de leurs leçons. S'ils ont réussi, tout le monde peut le faire !

Concernant les exercices, je t'invite vraiment à les faire, précisément à la fin du chapitre que tu viens de lire. Dans ce guide ou dans ton carnet, c'est comme tu préfères. Chaque exercice que je vais te proposer a été testé et approuvé par moi-même et des milliers de personnes ! Ce sont des outils précieux qui vont te permettre d'ancrer en toi les notions importantes évoquées précédemment. Ces exercices ont une durée de vie illimitée, tu pourras les relire et les refaire tout au long de ta vie. Garde-les bien précieusement dans ta boîte à outils du bonheur. C'est parti pour l'exercice qui clôt ce premier chapitre : le tableau de visualisation.

EXERCICE 1

Réaliser un tableau de visualisation

Ton premier exercice est un atelier créatif. N'aie pas peur, tu n'as pas besoin de savoir dessiner. Ce que je t'invite à faire, pour conclure ce premier chapitre, c'est un tableau de visualisation. Si tu n'en as jamais entendu parler, il s'agit de créer un pêle-mêle visuel qui va t'aider à mettre des images sur ton projet. Tu peux aussi l'utiliser pour favoriser l'inspiration, mais aujourd'hui il s'agit surtout de bien définir tes idées. Tu as déjà commencé ce processus en répondant à *pourquoi*, *comment*, *quand*. Tu as donné un titre à ton rêve, peut-être même un nom de code. Dans cet exercice, tu vas continuer sur ta lancée en faisant appel à tes ressentis pour créer un tableau du succès.

En quelques mots, qu'est-ce que le tableau de visualisation, et comment ça marche ? C'est un tableau (jusque-là, tout va bien) dans lequel tu colles plusieurs images que tu sélectionnes pour leur signification. Comme dans un puzzle, toutes ces petites photos vont s'imbriquer les unes dans les autres pour en créer une grande. Dans le cas présent, je vais te demander de choisir des visuels qui te font penser à ton projet en faisant appel à tes sens.
Par exemple, si tu rêves de faire un concert avec ton groupe de musique, tu peux te demander :
– Qu'est-ce que je ressentirai quand je serai sur scène ? De l'excitation, de la joie, de l'énergie, une émotion forte…

– Qu'est-ce que je verrai ? Une foule en délire, mes amis, mon groupe en train de performer…
– Qu'est-ce que je toucherai ? Mon instrument de musique, les mains de mes fans, la scène…
– Qu'est-ce que je dirai ? J'exprimerai ma gratitude, je chanterai, je crierai…
– Qu'est-ce que j'entendrai ? Ma musique, les gens chanter, les applaudissements…
– Qu'est-ce que je ferai ? Je sauterai partout, je serai concentré, je sourirai, je pleurerai…
– Qu'est-ce que je ressentirai quand j'aurai réalisé ce rêve ? Une satisfaction d'avoir été au bout de mon envie, de la joie et l'envie de faire d'autres concerts.

Maintenant que tu as mis des mots sur tes ressentis, tu vas rechercher des photos qui les illustrent et les coller ensemble, et cela formera ton rêve – ici, il s'agit de faire un concert avec ton groupe de musique. L'idéal, quand tu recherches ces images, c'est de te laisser guider par ton intuition. Si, dans un magazine, tu vois la photo d'une personne épanouie et qu'elle t'interpelle, tu la prends. Peu importe qu'elle te ressemble ou non. L'idée n'est pas de recréer exactement ta vision, mais plutôt l'impression et l'émotion qui s'en dégagent. Et ne cherche pas forcément à réaliser quelque chose d'esthétique. Sauf si c'est important pour toi et que cela résonne avec ton rêve, encore une fois, c'est toi qui te connais le mieux. Mais ne te sens pas obligé de faire un joli tableau.
Le but est de regarder ce tableau de visualisation tous les jours, pour t'en imprégner et ressentir le bonheur que la concrétisation de ton projet va t'apporter. Il va t'aider à ne pas perdre de vue l'objectif. Et tu verras qu'il se peut que ce tableau évolue avec le temps…

C'est parti pour la réalisation de ton tableau de visualisation !
Dans un premier temps, je te propose deux options :
- Soit tu le réalises manuellement, auquel cas tu vas avoir besoin de ciseaux, de colle, d'une feuille ou d'un carton et de magazines.

- Soit tu crées un tableau virtuel *via* un logiciel de montage ou une banque d'images sur Internet.

Chaque option a ses avantages, et il n'est pas interdit de les faire toutes les deux ! Avec un tableau physique, tu vas pouvoir réaliser une activité manuelle qui va t'ancrer dans le réel. Tu peux même voir ce moment comme une forme de méditation, une parenthèse où tu seras pleinement dans l'instant présent. Et tu pourras afficher ta création où tu veux chez toi, de préférence dans un endroit où tu passes tous les jours.
Si tu choisis un tableau virtuel, tu auras l'avantage d'y passer moins de temps. Tu pourras également le mettre en fond d'écran de ton ordinateur et de ton téléphone portable, par exemple. Mais rien ne t'empêche de l'imprimer pour l'afficher également chez toi.
Pour la taille de ton tableau, tout dépend de toi ! Tu peux partir sur un format carte postale à glisser dans ton sac, une feuille A4, ou même un grand modèle comme un calendrier annuel. Sache simplement que plus le tableau est grand, plus il est susceptible de durer. Plus il est petit, plus il sera pertinent pour une courte période. Rien de sorcier à cela, tu pourras simplement regrouper moins d'informations sur un petit format.

OK, tu as choisi ton support, et ton matériel est prêt, il est l'heure de te lancer ! Prévois une heure rien que pour toi, dans le calme ou avec une musique qui te plaît. C'est une parenthèse que tu t'accordes, de la place pour commencer à concrétiser ton projet. Je te souhaite une belle création et je te retrouve au chapitre 2 quand tu seras prêt.

TÉMOIGNAGE

Vivre à l'étranger

Prénom :

Héloïse

Âge :

29 ans au moment où j'écris !

Pour être plus précise, je suis née le 20 novembre 1990. Vous pourrez donc faire le calcul et savoir l'âge que j'ai au moment où vous lisez ce témoignage.

Métier :

Je suis maintenant bloggeuse à temps plein depuis trois ans (https://easyblush.fr). Avant, j'étais maquilleuse sur les plateaux de télévision et dans le cinéma. « Bloggeuse », c'est un vaste terme pour résumer ce que je fais, mais je fais principalement des vidéos sur YouTube, je propose des formations en ligne et j'ai récemment créé ma marque de cosmétiques.

Projet concrétisé :

Je vis une partie de l'année en Thaïlande, sur une petite île paradisiaque nommée « Koh Phangan ».

Pourquoi ce projet ?

Je n'avais jamais pensé à vivre ailleurs. Je suis née à Paris, et j'étais persuadée que j'y ferais ma vie. Lorsque j'étais maquilleuse, je n'avais pas vraiment la possibilité d'habiter ailleurs : la grande majorité des plateaux TV s'y trouvent. Lorsque j'ai arrêté cette activité pour me consacrer entièrement à mon blog, je n'ai pas tout de suite pensé au fait que je pourrais vivre où je voulais.

C'est en prenant des vacances « bien-être » (j'avais envie de faire du yoga pendant deux semaines, au soleil) que j'ai découvert l'île de Koh Phangan. Cette île est connue pour la « Full Moon party », une énorme fête en plein air, mais peu de gens savent qu'elle abrite une partie beaucoup plus calme, beaucoup plus zen, beaucoup plus « hippie ».

Je suis tombée amoureuse de l'endroit ! Des restaurants vegan partout, des plages magnifiques, du yoga, des ateliers de développement personnel chaque jour... En découvrant cette partie de l'île, j'ai rencontré beaucoup de personnes qui vivaient autrement. Des personnes qui avaient fait le choix de quitter « la norme » pour réaliser leurs rêves : des voyageurs, des professeurs de yoga et des *digital nomads*...

J'avais vaguement entendu le terme auparavant, mais en étant sur place j'ai pu en apprendre davantage. Il s'agit de personnes travaillant en ligne et qui décident, par conséquent, de voyager en même temps ou bien de vivre quelques mois à un endroit, avant d'en changer.

L'avantage, c'est qu'ils continuent de gagner leur vie – en euros ou en dollars – et peuvent vivre dans des endroits paradisiaques où le coût de la vie est souvent beaucoup, beaucoup, plus bas.

En observant ces personnes-là, en les côtoyant, je me suis rendu compte qu'une autre vie était possible. J'ai donc décidé de faire la même chose.

Je ne passe pas mon année à voyager, parce que j'adore m'installer et me sentir « chez moi » quelque part, mais cela fait plus de deux ans que je passe cinq mois en Thaïlande (l'hiver, généralement, tant qu'à faire !) et que je reviens ensuite en France.

Difficultés rencontrées :

Les difficultés sont plutôt d'ordre « pratique ». La principale à laquelle je pense concerne le logement. Je loue un appartement à Paris et j'ai dû trouver des solutions pour le sous-louer et ne pas perdre d'argent bêtement en payant un loyer pour rien. Jusqu'à maintenant, j'ai eu de la chance, mon frère avait besoin d'un appartement à ces dates-là (la vie est bien faite) !

La deuxième difficulté concerne le manque de mes proches, de mes amis. En vivant une partie de l'année ailleurs, j'ai souvent l'impression de rater beaucoup de moments avec eux. Heureusement, certains d'entre eux viennent me voir pendant l'hiver, mais les moments quotidiens avec eux me manquent. Pas toujours facile d'avoir une vie sociale épanouie lorsqu'on reste à un endroit une partie de l'année seulement.

Pour finir, je dirais que la dernière difficulté concerne l'organisation. Comme je ne suis en France que quelques mois par an, j'essaie de caler, de faire entrer dans l'emploi du temps les RdV pro, les projets et les moments avec mes proches. Autant vous dire que ce n'est pas de tout repos !

Ce que tu as appris sur toi grâce à ce projet

J'ai appris que d'autres modèles de vie étaient possibles. Ici, il y a beaucoup de voyageurs (de tous âges), beaucoup de personnes travaillant en ligne, et des parents qui décident de parcourir le monde avec leurs enfants. On a grandi avec un modèle de vie en tête. D'autres sont possibles ! À nous de créer la vie qui nous correspond. J'ai également compris à quel point ma famille et mes amis étaient importants pour moi. Plus j'avance, plus je me rends compte qu'il n'y a que ça qui compte. Vivre dans un endroit paradisiaque, mais sans les personnes que vous aimez, cela n'a pas grand intérêt. Heureusement, je ne suis pas seule : je suis en Thaïlande avec mon amoureux, que j'ai rencontré à Koh Phangan, d'ailleurs, et qui travaille aussi en ligne. Aujourd'hui, j'écris ces lignes depuis ma maison en Thaïlande, mais je me laisse le droit de faire au feeling, et de voir si ce mode de vie me conviendra encore l'année prochaine. Parfois, on prend des décisions avec une pression énorme parce qu'on pense qu'elles devront durer une vie. Ce n'est pas ma vision des choses. Je choisis ce qui me convient à un moment T, tout en ayant conscience que, le lendemain, ou l'année d'après, ce choix ne sera peut-être plus valable. L'important, à mon avis, c'est de s'écouter, de faire ce qui nous convient le mieux au moment présent. Et ainsi de suite. On ne sait pas ce que la vie nous proposera dans le futur : quelles seront les opportunités, ou nos envies. Restons centrés sur le moment présent. C'est déjà beaucoup !

Projet futur ou en cours

Au moment où j'écris ces lignes, je suis en train de créer mon deuxième programme en ligne. Le premier concernait les soins de la peau et le maquillage au naturel. Celui-ci sera plutôt dédié au développement personnel, avec le partage de 21 outils, 21 réflexions en format podcast. Je n'en dis pas plus pour le moment...

La deuxième chose, et c'est ce qui rend mon retour en France excitant, c'est que j'aimerais acheter un petit appartement en région parisienne. Mon premier investissement ! Ce n'est pas rien. Cela me permettrait de gérer plus facilement mes voyages et cela me permettrait d'installer un « cocon » quelque part, un vrai chez-moi.

Bon, ça reste un projet, pour le moment !

Je vais devoir prendre RdV avec les banques, voir ce qu'il est possible de faire en termes d'emprunt, parce que, lorsqu'on est freelance ou indépendant, les choses ne se passent pas aussi facilement que quand on est salarié.

Mais, vous savez quoi ? Ça en vaut carrément la peine ! ♡

L'ESSENTIEL

- Identifier son projet.
- Comprendre les raisons derrière ce projet.
- S'appuyer sur ses outils et ses ressources.
- Se demander si son projet va créer du bonheur.
- S'imposer une date limite pour réaliser son projet.
- S'entourer de gens bienveillants, et se protéger des critiques non constructives.

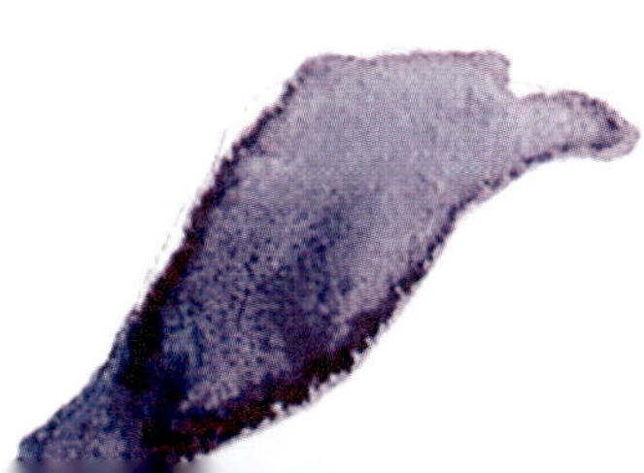

Griller les stops

SAUTER TES BARRIÈRES IMAGINAIRES.

Le seul mur qui vous empêche d'avancer est celui que vous créez avec vos pensées.

– Nicole Bordeleau

Alors, ce tableau de visualisation ? Ça t'a plu ? J'espère que tu as passé un bon moment et que chaque fois que tu le regardes, cela te remplit de motivation ! Pas toujours ? Ah bon ? Il y a des jours où tu n'y crois pas ? Tu ne t'en sens pas capable, tu as peur, tu n'as pas le temps ou tu as d'autres priorités ? Ça tombe bien, car c'est le sujet de cette deuxième partie ! Je vais te livrer mes astuces pour faire sauter les barrières qui t'empêchent d'avancer. Il y a un proverbe romain qui dit que « le courage augmente en osant, et la peur en hésitant ». Tu es prêt à oser et à griller les stops avec moi ?

LES EXCUSES

Pour commencer, je t'invite à reprendre ton petit carnet préféré et à y lister toutes les choses qui, jusqu'à présent, t'ont empêché de concrétiser ton projet. Tu sais, tous tes doutes, ton manque d'ambition, ton incompétence présumée, tes obligations du quotidien, tes ressources financières limitées, tes échecs passés qui te hantent, la peur de tout perdre, la culpabilité de penser à toi, ton travail qui te prend trop de temps, ta santé qui n'est pas au top, ta famille qui a besoin de toi... Comme tu peux le voir, il y en a plein, des raisons pour oublier ses rêves !

Je ne vais pas te dire que ces raisons ne sont pas bonnes et que si tu y avais mis du tien tu aurais pu les dépasser. À la place, je te propose de transformer « raisons » en « excuses ». Aïe, ça pique, je sais ! Du coup, ça donne : « Mes excuses sont très bonnes. » Ah ça, oui, elles le sont. Et tu sais qui te les souffles à l'oreille ? C'est toi. Même si quelqu'un te dit que tu es un incompétent, c'est toi qui choisis d'admettre que cette personne a raison, et donc que l'excuse est valable.

Ces excuses sont, partiellement générées par la partie de toi qui aimerait bien rester dans sa zone de confort quotidien, son petit nid douillet sans prise de risque, sa zone grise. Même si ça ne te rend pas heureux. Il vaut mieux un bain tiède que trop chaud ou trop froid, pas vrai ? Non, non, non, il n'y a qu'en essayant que l'on peut trouver la température parfaite de son bain, au risque de se brûler un peu ! Mais ça vaut tellement le coup ! Réaliser ton projet, c'est le bain parfait qui va venir rendre ta vie plus belle.

Pour dépasser ces excuses, c'est très simple, il faut le décider.

> *Que tu penses que tu peux y arriver ou que tu ne peux pas, tu as raison dans les deux cas.*
>
> – Henry Ford

Il faut se dire qu'aujourd'hui aucune raison ne sera assez bonne pour t'empêcher de te lancer. Aucune excuse ne pourra te faire abandonner ton projet au fond d'un placard. Tu as le choix, tu es le seul décisionnaire. Tu détiens la clef de ton bonheur.

LE MOMENT PARFAIT

Peut-être que tu attends le moment parfait pour te lancer vraiment. Peut-être que tu as envie de concrétiser ton idée, mais que tu n'arrives pas à démarrer parce que ce n'est pas le bon moment. Dans quelques mois, tu auras économisé un peu plus, tu auras suivi une nouvelle formation, tu auras trouvé une autre personne bienveillante pour t'épauler... Ou bien tu n'es plus tout jeune, tu ne te vois pas retourner à l'école, tu as des enfants qui passent avant tout... Mais sache qu'il n'est jamais trop tôt ou trop tard pour concrétiser tes projets. Car c'est au moment où l'inspiration arrive qu'il faut la saisir au vol ! Si tu la laisses dans un coin, elle va perdre ses couleurs, elle brillera moins fort. Et puis, cinq ans plus tard, tu verras quelqu'un qui la concrétisera à ta place. Et tu soupireras, le cœur plein de regrets, en pensant que ça aurait pu être toi.

Ne perdez pas trop de temps à avoir envie de, à essayer de... faites-le !

– Jacques Salomé

Ta situation ne sera jamais idéale, il n'y a pas de moment parfait. Chaque moment est le bon. Évidemment, certains sont plus favorables que d'autres. Par exemple, si tu as 15 ans et que tu veux devenir astronaute, il va falloir attendre un petit peu pour que ton projet se réalise. Mais tu peux déjà te mettre sur la voie, t'informer, étudier, te nourrir de tout ce qui t'aidera sur ton chemin. Même dans cet exemple, finalement, c'est le bon moment. Commencer quelque chose, c'est se faire une promesse : tout faire pour la réalisation de son projet, croire en soi jusqu'au bout, et ne pas s'en vouloir en cas d'échec.

LA PEUR DE L'ÉCHEC

Sais-tu que 100 % de ce que l'on ne tente pas échoue ? Et que 100 % des gens qui ont réussi ont essayé. Oui, je sais, je ne t'apprends rien, mais ça fait du bien de se le rappeler de temps en temps ! Parce que c'est souvent la peur de l'échec qui met un gros STOP.

Cette angoisse de se tromper n'est pas à prendre à la légère, car elle a un vrai pouvoir paralysant. Pense à la dernière fois que tu as fait une erreur, petite ou grosse. Tu te dis peut-être que tu n'aurais pas dû te marier avec ton ex-conjoint, que tu as jugé trop vite quelqu'un ou que tu t'es vraiment loupé sur ce dossier. Et puis, qui n'a jamais raté une recette, eu une mauvaise note à l'école ou ne s'est disputé avec quelqu'un en se rendant compte, après, qu'il avait eu tort ?

La seule chose qui puisse empêcher un rêve d'aboutir, c'est la peur d'échouer.

– Paulo Coelho

Alors, demande-toi quel est le pire qui puisse arriver si ton projet échoue. Si, finalement, tu découvres que l'impact ne serait pas énorme sur ta vie, c'est le moment de relativiser. Si la perspective de ton échec te fait quand même très peur, rien ne t'empêche de prévoir un plan B !

Jusqu'à ce jour, est-ce que tes erreurs passées t'ont tué ? Si tu lis ces lignes, je peux te dire que non ! Et même, bien souvent, c'est l'effet inverse qui se produit. Car, dans la vie, on ne perd jamais, soit on gagne, soit on apprend. C'est grâce à nos échecs que nous grandissons parfois le plus. Regarde le nombre de petites bêtises et d'expérimentations que tu as dû faire dans ton enfance ! Tu n'avais pas peur de te tromper, tu essayais tout, car tout était nouveau et merveilleux ! Certes, parfois, tu t'es fait mal en tombant. Mais il n'y a qu'en tombant à plusieurs reprises que tu as appris à marcher. Donne tout ce que tu as, mobilise toute ton ambition et ta motivation pour faire de ton mieux. Si tu arrives à concrétiser tes idées, tu seras alors profondément fier de toi ! Et si tu n'y parviens pas, tu pourras apprendre de ce qui n'a pas fonctionné, pour recommencer de plus belle !

La plus grande gloire n'est pas de ne jamais tomber, mais de se relever à chaque chute.

– CONFUCIUS

LE SYNDROME DE L'IMPOSTEUR

Je te parle de la peur d'échouer, mais, parfois, elle cache aussi une peur de réussir. C'est bizarre, hein, dit comme ça ? Pourquoi aurions-nous peur de réussir quelque chose ? On a tendance à sous-estimer cette peur alors que, tout comme la première, elle a une grande capacité à figer l'action. La peur de réussir est, en fait, liée à un « syndrome de l'imposteur » non diagnostiqué.

Je vais m'attarder un peu sur ce syndrome qui me touche tout particulièrement, et qui touche beaucoup plus de personnes qu'on ne pourrait le croire. En effet, toi, moi, ton médecin, l'enfant de la voisine et ta mamie, nous sommes tous susceptibles d'en souffrir. Tu ne me crois pas ? Alors, réponds à ces quelques questions à propos de ton projet : est-ce que tu te dis parfois que… tu n'en es pas capable ? Que quelqu'un l'a déjà fait ou le fera mieux que toi ? Que tu n'as pas les diplômes pour te justifier ? Que tu n'apportes rien de nouveau ? Que ton avis ne compte pas ? Que tu n'en vaux pas la peine ? Que les autres te jugeront ? Qu'ils n'ont aucune raison de t'écouter ? Ou bien tout simplement que, si tu y arrives, ce sera grâce à la chance ou à l'aide d'une tierce personne ?

Si tu as répondu « oui » à au moins trois de ces questions, il se peut que tu souffres du syndrome de l'imposteur. Mais qu'est-ce que c'est que cette maladie qui touche autant de monde, qui est curable et qui, pourtant, t'empêche d'aller de l'avant ?

Les personnes atteintes du syndrome de l'imposteur n'en ont souvent pas conscience. Dans les faits, elles rejettent tout mérite lié à leurs efforts personnels. Elles attribuent leur succès à des éléments extérieurs : la chance, les autres, le hasard, des facilités d'apprentissage... Elles se perçoivent souvent comme non légitimes et ne se sentent pas dignes des éloges et compliments faits à leur égard. Ces personnes s'attendent, en général, à ce que leur masque d'imposteur soit levé, et vivent dans la peur que cela arrive. Ce syndrome les empêche d'entreprendre, de croire en eux et d'exprimer de la satisfaction et de la fierté. Il est donc directement lié à la peur de réussir.

Le syndrome de l'imposteur ne concerne pas que les jeunes entrepreneurs, comme on pourrait le croire. Mais bien plus largement toute personne qui, à un moment de sa vie, ne se sent pas capable de se lancer dans quelque chose de nouveau :

- de jeunes parents qui sont dépassés à l'arrivée de leur nouveau-né ;
- des artistes qui dévoilent leur nouvelle création ;
- de nouveaux diplômés qui décrochent leur premier emploi ;
- des adultes en reconversion professionnelle ;
- une famille qui accueille un animal ;
- des thérapeutes qui lancent une formation en ligne ;
- des auteurs qui écrivent un nouveau livre.

Il n'y a pas d'âge ni de catégorie sociale plus touchés que d'autres par le syndrome de l'imposteur. Bien qu'on le repère beaucoup plus facilement chez les autodidactes. J'ai discuté avec plusieurs personnes qui ne connaissaient pas ce syndrome et qui attribuaient leur peur de réussir à un trait de caractère lié à la confiance. Quand le mal est identifié, il devient beaucoup plus simple de le traiter. Avec les bons outils, rien n'est impossible.

MON TÉMOIGNAGE

Je t'invite à me suivre à travers ces quelques lignes de témoignage personnel pour comprendre le mécanisme du syndrome de l'imposteur.

Ma maman m'a toujours dit que j'avais une bonne étoile. Et c'est vrai que je me suis toujours estimée chanceuse. Et, finalement, à qui attribuais-je la gloire de mes réussites ? À ma bonne étoile, pas à moi. J'étais là au bon moment, j'ai parlé aux bonnes personnes, la magie a pris toute seule… Mais était-ce vraiment la chance ? Est-ce que je ne l'aurais pas déclenchée ? Est-ce que je n'aurais pas pavé de bons choix mon chemin ? Est-ce que, après tout je ne serais pas responsable de mes réussites ?

C'est en posant ces questions que je me suis autodiagnostiqué un « syndrome de l'imposteur ». J'ai créé mon business, je suis ma propre patronne. Donc, je suis mon propre juge, ma plus dure critique et, surtout, je ne peux compter que sur moi pour me vendre. Se vendre, je n'aurais jamais cru que ce serait si compliqué ! Parce que pour se vendre, il faut se mettre en avant, bien sûr, mais il faut aussi se sentir capable de faire le travail et prendre conscience de sa valeur. Il faut dire aux gens de nous faire confiance et que nous leur apportons une plus-value. Et ça, quand on souffre du syndrome de l'imposteur, c'est difficile.

Le problème, avec les autodidactes, c'est que personne ne vient leur dire : « C'est bon, tu as assez appris, tu peux mettre en application tes connaissances. » Ou encore : « C'est OK, tu débutes et tu apprends, comme beaucoup de gens l'ont fait avant toi. »

C'est le moment de vous parler de mon papa. Il n'a pas fait d'études, il s'est arrêté au collège et est devenu apprenti cuisinier. Toute sa vie, il a enchaîné des métiers qui n'avaient rien à voir les uns avec les autres : soudeur, chauffeur, épicier, caviste, livreur de lait, poseur de portails électriques... Mon papa, c'est un manuel. Tant qu'il s'agit de faire quelque chose de ses mains, même s'il n'y connaît rien, il va apprendre « sur le tas ». Si on lui demande : « Est-ce que tu peux construire un mur ? », même s'il ne l'a jamais fait, il vous dira qu'il va essayer ! Et il apprendra en le faisant. Alors, comment faire pour connaître sa valeur ? Comment savoir si nous sommes bons dans ce que nous faisons ? On se lance, et on se donne à fond ; voilà comment. Est-ce que mon papa a réussi à monter son mur ? Oui, car il a confiance en ses mains, il sait qu'il est capable, même s'il doit traverser plusieurs échecs pour y arriver. Pourtant, il n'a aucun diplôme. Est-ce que mon papa est un imposteur ?

IDENTIFIER SES FAUSSES CROYANCES

Le syndrome de l'imposteur se nourrit des fausses croyances et engendre un grand manque de confiance en soi. Ces croyances nous sont, en partie, inculquées pendant l'enfance à travers l'éducation, l'école et les proches. Attention : il est tout à fait possible d'être freiné dans sa vie par de fausses croyances qui n'ont rien à voir avec le syndrome de l'imposteur. Donc, même si celui-ci ne te touche pas particulièrement, je t'invite à poursuivre ta lecture.

Une fausse croyance est, par définition, quelque chose que l'on croit et qui est faux. Par exemple : croire au Père Noël quand on est enfant. Dans cet exemple précis, ce n'est pas forcément une croyance qui va bouleverser notre confiance en soi, bien évidemment. Mais, s'il s'agit de croire que l'on est bon à rien, que l'on ne mérite pas d'être aimé ou que ce que l'on fait n'est jamais assez, là, ça se complique. Comme ce n'est pas forcément facile de mettre le doigt sur ses fausses croyances, je t'invite à nouveau à te munir de ton carnet pour noter 7 « défauts » que tu penses avoir (tout ce que tu n'es pas assez, ou que tu es trop).

Est-ce que tu penses que tu as beaucoup de défauts, mais tu ne les trouves pas, là, tout de suite ? Si oui, c'est que tu n'en as pas autant que tu le crois ! Nos vrais défauts, nous les connaissons bien, et nous n'avons pas à y réfléchir longtemps. Si tu es persuadé d'avoir des tas de défauts, mais que tu ne peux pas les citer, c'est une fausse croyance.

Ou peut-être, au contraire, que les défauts fusent et que tu t'en trouves plein ? Dans ce cas, pour chaque défaut, trouve la dernière fois que tu en as fait la démonstration avec certitude. Si tu n'y arrives pas facilement, si tu trouves des exemples insignifiants, comme « Je suis impatient parce que j'ai soupiré à la caisse du supermarché », ça ne compte pas ! Tu verras que, finalement, tu as très peu de vrais défauts. Tu sais, ceux sur lesquels il serait bien de se pencher pour que tu deviennes pleinement la meilleure version de toi-même. Donc, tous ces défauts que tu as cités précédemment sans trouver d'exemples concrets sont de fausses croyances. Ces croyances sont les fondations de ton manque de confiance en toi. Et rien de mieux pour booster sa confiance que de s'intéresser à ses qualités !

Je t'invite donc, maintenant, à lister 7 qualités à côté de ta liste de défauts. Ah, ah, ça se corse, pas vrai ? Pourquoi crois-tu que tu as plus de facilité à trouver tes défauts ? N'as-tu pas confiance en tes qualités ? Est-ce que tu n'aurais pas une image biaisée de toi-même ? Celle du reflet dans le miroir des fausses croyances ? Si tu penses que tu n'arrives pas à trouver tes 7 qualités parce que tu n'en as pas beaucoup, demande à l'un de tes proches de t'aider à remplir ta liste.

Ne continue pas ta lecture sans que ta liste soit pleine. J'attends...

Oui, même si tu n'es pas d'accord, tu notes !

OK, ta liste est pleine ? On peut continuer ! Alors, qu'est-ce que ça veut dire ? Pourquoi les autres te trouvent-ils des qualités, et pas toi ? Parce qu'ils te voient tel que tu es. Pas tel que, toi, tu te vois. Parce qu'ils n'ont pas de fausses croyances à ton égard.

Ces qualités sont les tiennes. Et, si tu n'y crois pas, comme pour tes défauts, réfléchis à la dernière fois que tu aurais pu en faire preuve. Ce ne sera pas si compliqué, tu vas voir... Fais cet exercice régulièrement et, petit à petit, ta liste des qualités va s'agrandir, ton image de toi va se détordre, et ta confiance va augmenter. Vaincre ses fausses croyances est un chemin, pas une destination. Mais ça vaut tellement le coup !

Je tenais vraiment à m'attarder un peu sur le principe du syndrome de l'imposteur et des fausses croyances, car c'est de cette prise de conscience qu'est né ce livre. J'ai compris que créer est la chose la plus épanouissante qui soit. Mais c'est loin d'être la plus simple. Créer peut être un exercice difficile, et, comme tu as pu le voir à travers ce chapitre, les barrières ne manquent pas. Mais, si tu as bien lu, tu sais aussi que ces barrières sont « imaginaires ». Tu en ressens certes les effets, mais tout est dans ta tête. En en prenant conscience, tu peux reprogrammer une à une tes croyances pour qu'elles soient motivantes et positives. Tu es ta propre bonne étoile.

Maintenant, tu n'as plus d'excuses ni de bonnes raisons pour ne pas te lancer. Dans ce chapitre, tu as pris un petit verre de confiance en toi, tu as compris que tu possédais tout ce dont tu as besoin pour vaincre tes fausses croyances, alors avance !

Et, pour bien t'aider à mettre en pratique ce que je viens d'évoquer ici, je te propose la découverte des mantras, dans l'exercice qui suit.

EXERCICE 2

Créer ses mantras

L'exercice que je te propose pour clore ce deuxième chapitre est de te créer un mantra personnel. Le mantra est traditionnellement une pratique bouddhiste qui consiste à répéter plusieurs fois un ou plusieurs mots en sanskrit. Le mantra est également beaucoup utilisé dans la méditation pour faire taire son mental. Mais l'utilisation que je te présente ici n'a rien à voir avec ces deux formes de pratique. Il s'agit de créer une ou plusieurs phrases courtes qui vont ancrer en toi l'idée que tu es capable de tout entreprendre. Cette forme de mantra est aussi appelée «affirmation positive». L'idée est de reprogrammer nos fausses croyances et nos peurs avec une formulation positive. Ça fonctionne de la même façon que l'exercice des qualités et des défauts, mais avec quelques phrases que tu vas pouvoir garder dans ton esprit et prononcer tout au long de tes journées.

Prêt pour créer ton mantra? Alors, reprends ton carnet et relis tes notes concernant ce qui te freine le plus dans la réalisation de ton projet. Entoure les mots clefs de ces freins, et, une fois que ce sera fait, il te suffira de rédiger une affirmation exprimant l'exact opposé de ce mot. Très important: cette phrase doit être au présent et sans négation.

Par exemple, si tu as peur de ne pas mener à terme ton projet à cause de ton manque de confiance en toi, n'écris pas: «J'espère que je ne serai pas découragé par mon manque de confiance en moi.» Mais: «Je vais concrétiser mon projet, car je sais que j'en suis capable.»

L'idéal, dans un premier temps, est de créer un mantra court pour te focaliser dessus et bien l'imprégner dans ton esprit. Mais, si tu en as envie, tu peux en écrire deux ou trois.

OK, tu as ton mantra, qu'est-ce que tu en fais maintenant ? Eh bien, tu l'écris partout, ah, ah ! Tu le mets sur un Post-it à ton bureau et sur ta table de chevet, tu l'ajoutes en fond d'écran sur ton téléphone et ton ordinateur, tu le notes sur ton marque-page, tu l'affiches sur ton tableau de visualisation…
Et l'idéal pour vraiment activer ton mantra et qu'il déprogramme/reprogramme tes croyances négatives, c'est de le répéter plusieurs fois par jour. Tu peux le réciter 3 fois au réveil, avec de grandes respirations, mais aussi chaque fois que tu vas douter de toi dans cette journée. Et puis, tu peux aussi t'endormir en le répétant 3 fois au coucher. Si tu as besoin d'y penser dans la journée, il y a de petits moyens mnémotechniques qui peuvent t'aider. Par exemple : chaque fois que tu prends ton téléphone, tu le récites. Chaque fois que tu passes une porte, tu le répètes dans ta tête.

Ce qui est chouette avec les mantras, c'est que tu peux t'en servir pour plein de choses ! Par exemple : pour te calmer si tu es angoissé, pour dépasser une peur, ou pour réguler ton stress…

Il n'y a pas de secret, comme pour beaucoup de choses, ce n'est qu'en pratiquant régulièrement que tu en verras les effets. Dis-toi que ça ne prend que quelques secondes chaque fois, il suffit d'y penser.

TÉMOIGNAGE

Reprendre ses études

Prénom :
Kevin

Âge :
37 ans

Métier :
Infirmier

Projet concrétisé :
Reprendre mes études à 30 ans et obtenir mon diplôme d'infirmier.

Pourquoi ce projet ?
J'ai été aide-soignant pendant quatre ans. Comme je me sentais limité dans ma pratique et que je voulais davantage de responsabilités, j'ai entrepris de devenir infirmier. C'était important pour moi de pouvoir prendre en charge les patients de manière plus globale. Et j'avais aussi très envie d'acquérir de nouvelles compétences. Donc, j'ai décidé de reprendre mes études.

Difficultés rencontrées :
Au cours de mes études, ça a vraiment été difficile financièrement. J'ai dû faire des concessions sur plein de choses pendant ces trois années. Et reprendre mes études après dix ans a été un vrai challenge. Retourner dans la peau d'un étudiant alors qu'on a déjà été professionnel, ce n'est pas facile.

Quand on devient professionnel, peu importe la carrière que l'on a choisie, on s'approprie une identité professionnelle. Pour moi, la difficulté de redevenir étudiant, c'était de mettre un peu de côté cette identité. En perdant son statut de professionnel, on perd la reconnaissance sociale associée. Après mon diplôme, j'ai rencontré d'autres difficultés. La formation d'infirmier étant généraliste, une fois diplômé, il faut se spécialiser, et ça prend du temps. Pendant cette période, je ne me suis pas senti légitime : que ce soit pour répondre aux patients ou aux familles, réaliser les soins que je ne connaissais pas, travailler avec des collègues qui étaient plus expérimentés... Je ne me sentais pas toujours à la hauteur. Malgré l'obtention de mon diplôme, mon apprentissage ne faisait que commencer.

Ce que j'ai appris sur moi :

Je suis retourné sur les bancs de l'école plus de dix ans après les avoir quittés. Dans ma pratique professionnelle, en tant qu'aide-soignant, j'étais toujours resté curieux et très motivé pour apprendre de nouvelles choses. Malgré tout, j'avais de grandes appréhensions quant à l'apprentissage théorique du métier d'infirmier. Quand j'ai repris mes études, j'ai été surpris de ne pas avoir de vraies difficultés d'apprentissage. Aujourd'hui, je me sens légitime dans mes fonctions d'infirmier. C'est un métier que je trouve vraiment complet et épanouissant. Plus le temps passe, plus mon champ de compétences s'agrandit et plus j'ai confiance en ma pratique. Je ne regrette pas d'avoir passé ce diplôme, je suis maintenant très épanoui dans mon travail.

Projet futur ou en cours :

Après quatre ans en service de soins intensifs de cardiologie, je pense me diriger vers une autre discipline. Cela implique d'apprendre de nouvelles pratiques et compétences, c'est l'un des intérêts de ce métier : apprendre chaque jour de nouvelles choses.

L'ESSENTIEL

- Identifier ce qui empêche de réaliser le projet.
- Ne pas attendre, car il n'est jamais trop tôt ou trop tard.
- Essayer : 100 % de ce que l'on ne tente pas échoue.
- Se sentir légitime dans tout ce que l'on entreprend.
- Dévoiler ses fausses croyances et les reprogrammer.
- Identifier ses atouts et miser dessus pour réussir.

Ton pouvoir illimité

TOUT EST DÉJÀ EN TOI.

Soyez le meilleur
que vous êtes déjà.

– David Taylor

LA RÉPONSE EST EN TOI

Tout est déjà en toi. Je te vois, avec ton air caustique, le sourcil levé et le sourire moqueur en coin... Tu te dis peut-être que si c'était si facile tu n'aurais pas besoin de ce livre ?! Et c'est bien vrai. Ce que je te propose dans ce guide, ce n'est pas un « bon-cadeau » pour exaucer ton souhait. Ton rêve ne se réalisera pas, si tu lis seulement ce livre, si tu ne fais pas les exercices et si tu ne travailles pas sur toi. Parce que personne ne pourra le faire à ta place. Tu es responsable de la concrétisation ou de la non-concrétisation de tes projets. Je sais que ce n'est pas forcément facile à lire, car la responsabilité, c'est quelque chose qui pèse lourd sur les épaules. Mais il ne tient qu'à toi de transformer du plomb en plume. La pression que tu ressens est celle que tu t'infliges à toi-même. À petite dose, ça peut être motivant, mais si tu t'en infliges trop, ça devient écrasant. Prendre la responsabilité de son bonheur est essentiel. Comment pourrais-tu attendre de tes proches qu'ils participent à ton bonheur si tu es incapable de te rendre heureux ?! Il en va de même en amour, comme le dit si bien RuPaul : « Comment pourrais-tu aimer quelqu'un si tu n'arrives pas à t'aimer toi-même ? » Tout passe par toi – l'amour, le bonheur, le succès –, tout est possible à condition que tu prennes les commandes de ta vie.

J'ai bien conscience que c'est facile à dire, mais pas forcément si facile à mettre en place ! Dans la vie, on a souvent tendance à attendre la validation de quelqu'un pour faire quelque chose. On demande à nos parents si on a le droit de construire un château de sable, s'ils sont d'accord avec notre choix d'études, et parfois même de carrière. On attend de notre coach sportif une approbation pour se permettre d'être fiers de nous ; de notre amie, une validation de notre tenue ; de notre conjoint, un avis positif pour se lancer dans un nouveau projet... Est-ce qu'il se passe une journée sans que l'on ne sollicite l'avis de quelqu'un qui nous est extérieur ? C'est fou, mais, finalement, on a tous plus ou moins été habitués à chercher la réponse à l'extérieur. J'ai, moi-même, dans ma démarche de formation au développement personnel, testé diverses pratiques, et je me suis intéressée à beaucoup de courants de pensée en espérant « l'illumination ». Je ne m'en rendais pas compte sur le coup, mais j'attendais une forme de réponse absolue, comme un déclic qui bouleverserait ma vision de moi-même et de ma vie. Finalement, j'ai pris conscience que tout ce que m'apportaient mes recherches, c'était des outils pour que je me mette au travail. Lire cent livres sur le métier de pompier ne pas va te permettre d'être pompier. C'est ton action qui concrétise ton envie. Et, pour passer à l'action, il faut activer tes superpouvoirs…

RECONNAIS TA FORCE

Es-tu prêt à prendre conscience de ton potentiel et à le déployer pour réaliser, toi-même, ton projet ? Tu n'es pas convaincu de pouvoir le faire seul ? Il est l'heure de reprendre ton petit carnet et d'y noter les plus grandes épreuves de ta vie. Inscris toutes ces choses qui ont été très difficiles pour toi. Je sais que ce n'est pas une partie de plaisir, mais c'est pour la bonne cause. Si tu éprouves des difficultés à te les remémorer, tu peux réfléchir chronologiquement. Démarre de ton enfance, en passant par ton adolescence, la majorité, jusqu'à aujourd'hui. Afin de ne pas te perdre dans une nostalgie mélancolique, tu vas te mettre une limite de temps. On a tous un chronomètre sur notre téléphone, donc tu le lances pour 15 minutes maximum, et tu listes tout ce que tu peux.

Le plus dur est passé ! Si jamais tu te rends compte que tu as oublié de noter des choses, ne t'inquiète pas. Si tu n'y as pas pensé, c'est qu'elles ne font pas partie de tes plus grandes épreuves. À l'image de tes erreurs et échecs, dans le chapitre précédent, je peux d'ores et déjà affirmer que tes épreuves ne t'ont pas tué. Ce qui veut dire que tu as une force extraordinaire en toi qui t'a permis d'aller de l'avant et de te reconstruire. Même si ces épreuves ont laissé des cicatrices, tu es là, en train de lire un livre pour réaliser ton projet ! Si ce n'est pas formidable, ça ! Tu as survécu à tes pires épreuves et, mieux encore, tu es motivé pour aller de l'avant ! Cette force est en toi durant toute ta vie. Elle est disponible pour toi dès que tu en ressens le besoin. Et, pour t'en souvenir, je t'invite à créer une ancre émotionnelle. Il s'agit de lier un souvenir ou une émotion à une action. Le but est de faire remonter rapidement ce sentiment chaque fois que ladite action est effectuée. Ça te dit d'essayer ?

Place ta main à plat au milieu de ta poitrine, sur ton sternum. Sens la chaleur de ta paume se propager dans ton torse. Imagine que c'est ça, ta force, cette chaleur que tu crées toi-même. Chaque fois que tu feras face à une épreuve ou une difficulté, reproduis ce geste, et tu retrouveras instantanément la conscience de ta force.

TA VOLONTÉ EST CRÉATRICE

Peut-être que tu vas te dire : « OK, je m'en suis sorti, j'ai de la force, mais j'ai eu de l'aide. » Même avec toute l'aide du monde, il est impossible de forcer quelqu'un à vouloir se relever. Vouloir est la clef. C'est pour cela que j'ai concentré mon premier chapitre à m'assurer que tu voulais vraiment réaliser ton projet. Quand tu veux quelque chose, tu crées un pouvoir superpuissant ! Tu mets en place une chaîne de réactions explosives à l'intérieur de toi ! Vouloir débloque l'excitation, l'euphorie, l'énergie et, finalement, l'action. J'imagine que tu connais cette célèbre maxime : « Si on veut, on peut. » De belles paroles, souvent dites en l'air, mais tellement vraies ! Évidemment, parfois, tu auras beau y mettre toute la bonne volonté du monde, il y aura des choses que tu n'arriveras pas à faire. Par exemple, bien que je veuille de toutes mes forces allumer la TV par le pouvoir de mon esprit, il y a de grandes chances pour que ça ne se fasse pas... Mais, après tout, Nelson Mandela disait que « cela nous semble toujours impossible jusqu'à ce qu'on le fasse ». Parce qu'en plus d'avoir le pouvoir de vouloir, tu as aussi celui de croire.

CROIS EN TOI

C'est parti pour un nouveau petit tour dans ton carnet ! En quoi crois-tu ? Note toutes tes idées qui te viennent en tête à la seule condition qu'elles soient positives. Les croyances négatives sont soit de fausses croyances – comme on l'a vu dans le chapitre précédent –, soit des croyances qui t'empêchent d'avancer. Par exemple : « Je crois qu'on ne peut pas créer une entreprise en étant timide. » Alors, fais de la place dans ton esprit pour les croyances positives et demande-toi en quoi tu crois. Est-ce que tu crois en la justice, en l'amour, au destin, au mérite ? Toutes ces valeurs qui sont les tiennes sont des forces dans lesquelles tu peux piocher quand tu en as besoin. Par exemple, si tu es dans une phase de doute, que tu n'es plus certain du succès de ton projet, rappelle-toi que tu crois au destin. Cette croyance te permettra de relâcher la pression et de te dire que, de toute façon, si ton projet doit réussir, il réussira. Tu sais que tu auras fait ton maximum ; après, ce n'est plus dans tes mains.

Et, pour continuer cet exercice, demande-toi en qui tu crois. Qui te remplit d'espoir et d'admiration ? Quelles sont ces personnes que tu trouves inspirantes ? Elles peuvent être parmi tes proches ou des gens célèbres, vivants ou décédés. Pour chaque personne, note deux ou trois adjectifs qui font que tu les trouves inspirantes. Ces personnes en qui tu crois sont des sources inépuisables de force ! Car, si elles ont pu réaliser tout ce que tu admires chez elles, tu le peux aussi. En période de doute, pioche dans ces « modèles » et nourris-toi de ce qu'ils réveillent en toi. Crois en toi, crois en ton pouvoir intérieur !

ENCOURAGE TA CURIOSITÉ

Sais-tu ce qui vient aussi de toi et qui t'a amené à lire ce livre ? C'est ta curiosité. Non, la curiosité bien placée n'est pas un vilain défaut, au contraire, c'est un autre pouvoir ! C'est en étant curieux et en posant des questions que l'on apprend. Ne cesse jamais de remettre en question tout ce que l'on te présente comme certain. Il n'y a aucune vérité absolue, pas même dans ces mots que j'écris. Je partage ici ma vérité, mes connaissances, mon expérience. Prends l'habitude de croiser les sources d'information, d'où qu'elles viennent. Ne prends pas pour argent comptant les dires d'un proche, ni d'une autorité quelle qu'elle soit. Si on te dit que ton projet n'est pas viable, consulte d'autres personnes afin d'avoir différents avis. Ne t'arrête jamais à une source d'information unique. Pour comprendre l'importance de la curiosité, je te propose une petite métaphore que j'aime beaucoup :

> Imagine un éléphant. Et autour de lui cinq personnes, les yeux bandés, qui n'ont jamais vu d'éléphant, ni en vrai ni en photo. Maintenant, chaque personne va saisir une partie différente de l'éléphant. Certaines toucheront une oreille, d'autres la trompe, les pattes, les défenses, le ventre... Maintenant, imagine que l'on demande à ces personnes de décrire un éléphant. Chacune va le faire en fonction de ce qu'elle touche. Donc, la personne qui touche la trompe va dire qu'un éléphant, c'est de taille moyenne, rond, long et mou comme un serpent. Celle qui touchera le ventre dira qu'un éléphant, c'est rugueux et plat. La personne qui touchera la queue décrira l'éléphant comme tout fin et poilu.

Chacun a une perspective différente et unique sur la vie. C'est pourquoi il est si important de se montrer curieux. Pour avoir une vision globale, il faut prendre en compte de multiples perspectives et les croiser entre elles. La curiosité est une forme d'intelligence qui va te permettre de débloquer le prochain pouvoir...

CULTIVE TON INSPIRATION

Roulement de tambour pour l'inspiration ! Comment créer quelque chose sans inspiration ? Et comment être inspiré sans être curieux ? À l'instant T, ton projet est bien défini, mais il y a de fortes chances qu'il évolue un peu lors du processus de concrétisation. Tout simplement parce que tu vas tester des choses, les modifier, et avoir de nouvelles idées. Les idées arrivent rarement toutes seules, même si on peut avoir tendance à le croire. Une idée, c'est avant tout une petite graine déposée là par une envie. Elle est là, toute seule dans le noir, et puis, un jour, suite à une discussion, une autre arrive. Et comme elles se complètent, elles fusionnent pour former une idée un peu plus fournie. Petit à petit, l'idée va grandir sans que tu t'en rendes compte, jusqu'à ce jour où elle se révélera à toi. Elle se nourrit de toutes nos expériences, de nos rencontres, de nos découvertes, de nos lectures… L'inspiration se trouve dans la vie, en général, dans les petits comme dans les grands moments. À moins d'être un génie avec un don exceptionnel, il faudra prendre le temps de nourrir ton inspiration pour faire grandir tes idées et ta créativité.

Pour vaincre la panne d'inspiration qui arrive même aux meilleurs, rien de mieux que de prendre du temps pour soi ! Parfois, à trop rester la tête dans son projet, on finit par ne plus avoir les idées claires. Comme pour l'éléphant ! Dans ce cas, il faut sortir, se vider la tête, prendre une pause d'une heure ou d'un week-end. Arrêter de penser à un blocage est la meilleure façon de se débloquer. Combien de fois t'est-il arrivé de chercher un mot que tu avais sur le bout de langue et de le retrouver quand tu avais complètement oublié que tu le cherchais ?! Les idées fusent pour qui sait les stimuler !

TOUT LE MONDE EST CRÉATIF

Toujours dans l'optique de t'aider à favoriser ton inspiration, je vais revenir sur la créativité. Elle fait partie de ce qui nourrit l'inspiration, mais, à mon sens, elle est un superpouvoir à elle seule. On a souvent tendance à penser que tout le monde n'est pas créatif. Et, finalement, on sous-estime grandement le pouvoir de sa propre créativité. Quand je te parle de « créativité », je ne veux pas dire « talent ». Certaines personnes ont de vrais dons, pour la musique par exemple. Cela dit, n'importe quel musicien te dira qu'en réalité le travail est au cœur de sa réussite. J'en reviens à la créativité sans talent. Dit comme ça, ce n'est pas très glamour, j'en conviens ! Mais il s'agit, en fait, d'utiliser sa partie du cerveau créative pour stimuler son imagination. Donc, peu importe le résultat ! C'est ça qui est magique ! Si tu as envie de t'essayer à l'aquarelle, mais que tu ne sais pas peindre, ce n'est pas grave ! L'important est de bloquer un temps dans ta semaine pour faire une activité créative qui va débrancher ton mental. C'est un peu une forme de méditation, finalement. Quand tu crées quelque chose avec tes mains, tu ne réfléchis plus à tes soucis, tu n'es pas en train de calculer le pourcentage de réussite de ton projet. Tu es simplement là, en train de créer. Et je le redis : peu importe le résultat ! Après, si tu as envie de coupler cette activité créative à une démarche d'apprentissage, c'est toi qui vois. Mais rien ne t'y oblige. « La créativité, c'est l'intelligence qui s'amuse », disait Albert Einstein. Je trouve ça tellement génial une citation pareille de la part d'un grand génie ! Ça montre bien que l'on a beau avoir un don, entretenir sa créativité reste essentiel. Si le sujet de la créativité t'intéresse, j'y reviendrai vers la fin de ce livre avec plein de méthodes simples pour la cultiver.

L'OPTIMISME À LA RESCOUSSE

Je vais enfin te révéler ton septième superpouvoir ! Avant cela, sache que tu en as bien plus que sept en toi. Mais, pour la réalisation de ton projet, ce sont les pouvoirs les plus importants que j'ai voulu te présenter. Ton dernier pouvoir abordé dans ce chapitre, c'est l'optimisme. Oui, c'est vrai, ce n'est pas possible d'être toujours optimiste dans la vie. Parfois, on subit de terribles épreuves – nous les avons abordées plus haut. Mais l'optimisme, c'est regarder ces épreuves et te dire que tu en es sorti grandi, que c'est ce qui fait la personne que tu es aujourd'hui. Et l'optimisme, c'est aussi croire en un futur plein de possibilités. Espérer le meilleur, tout mettre en œuvre pour sa réalisation, et ne pas s'arrêter face à un problème.

Un pessimiste fait de ses occasions des difficultés, et un optimiste fait de ses difficultés des occasions.

– Harry Truman

Chaque fois que tu te surprends à avoir une pensée pessimiste – comme te dire que tu t'es lancé dans ton projet, mais qu'il ne se réalisera jamais –, enclenche ton pouvoir de l'optimisme ! Dans un premier temps, ça peut être difficile de repérer ces pensées, donc n'hésite pas à les noter (dans ton carnet ou ce que tu as sous la main, pourquoi pas, même, ton téléphone). Plus tu te prêteras à l'exercice, plus ce sera facile pour toi. Et, finalement, ça deviendra un automatisme ! Pour déclencher ton pouvoir de l'optimisme, il suffit d'y penser. Tu réponds à cette petite voix négative dans ta tête en lui disant qu'elle a tort, qu'elle dit juste ça parce qu'elle a peur. Tu lui dis que tu fais de ton mieux et que tu crois en l'avenir.

C'est tout ? Oui, c'est tout, parce que le pouvoir de l'optimisme, comme tous les autres que j'ai cités plus haut, est en toi. Tout est en toi : la force, la volonté, les croyances positives, la curiosité, l'inspiration, la créativité et l'optimisme. Ah, ça rigole moins maintenant quand je te dis que tout est en toi ! Je t'invite d'ailleurs à noter dans ton carnet tes 7 pouvoirs, en gros. Tu peux aussi, comme ton mantra, les afficher un peu partout pour te souvenir qu'il te suffit d'y penser pour les activer. Ton pouvoir intérieur est si grand ! Nous venons à peine d'en découvrir un petit bout dans ce chapitre. Tu es un être puissant qui est capable de réussir tout ce qu'il entreprend. En as-tu bien conscience ? Nous allons nous en assurer avec le petit exercice qui conclut ce chapitre.

EXERCICE 3

Identifier ses succès

Dans le chapitre 3, tu as fait la liste de tes plus grandes épreuves de vie. Eh bien, pour finir en beauté, je te propose de lister ici toutes tes réussites – des plus petites aux plus grandes, de ton enfance à ce jour. Tu vas sûrement commencer par noter (en fonction de ta situation) tes enfants, ton métier, ton mariage, tes diplômes, ta maison... Et c'est normal ! Mais il va falloir faire appel à tes 7 pouvoirs pour creuser plus profondément dans tes réussites. Je vais te demander d'en citer au moins 10. Minimum absolu ! Dix choses que tu as réalisées à coups de force, de volonté, de croyances positives, de curiosité, d'inspiration, de créativité et d'optimisme ! Tes réussites englobent tes succès, mais aussi les projets que tu es fier d'avoir menés à bien, même si ça n'a pas abouti comme tu le voulais. Et également toutes ces petites choses du quotidien que tu fais avec le cœur sur la main. Tout, absolument tout, ce qui te rend fier de toi. Quelques exemples hors ceux que j'ai cités plus haut pour te donner des idées de petites réussites :

- Aider sa voisine à porter ses courses.
- Avoir dépassé sa peur du vide.
- S'être lancé sur YouTube.
- Donner régulièrement à une association.
- Avoir repris ses études, même si on n'a pas eu le diplôme.
- Faire attention à sa consommation et à ses déchets.
- Avoir adopté un animal.
- Avoir appris une nouvelle langue.
- Réussir à entretenir une plante verte.
- Avoir obtenu son permis.
- ...

Prends le temps de remplir ta liste, car tant qu'elle ne sera pas pleine, tu ne seras pas prêt à poursuivre ta lecture. On ne triche pas! Pour le coup, l'appel à un ami n'est pas conseillé. Tu dois prendre toi-même conscience de tes succès pour en ressentir l'énergie positive. Cette énergie va te servir dans le chapitre suivant, car nous allons passer à l'action!

Ça y est, ta liste de réussites est pleine? Si elle déborde, c'est encore mieux! Tout ce que tu as listé, c'est toi qui en es l'auteur. Pas de fausse modestie, couvre-toi de lauriers, pour une fois. Oui, même si tu as été aidé – nous l'avons abordé dans le chapitre que tu viens de lire. Et puis, de toute façon, personne ne fait jamais rien absolument tout seul dans la vie. Même inconsciemment! La vie est faite de rencontres, d'échanges et de partages. Croire que l'on peut réussir absolument tout, tout seul, est impossible, à moins de vivre sa vie de façon hermétique à toute influence extérieure. Donc, prends ces quelques minutes pour te féliciter! Bravo à toi pour tout ce que tu as réussi dans ta vie. Tu mérites le meilleur futur possible, parce que tu te donnes à fond!

Tu reprendras bien une petite dose de confiance en toi? C'est l'heure de lister tes talents! Toutes ces choses petites et grandes dans lesquelles tu as de l'aisance. Tout ce qui te semble simple, mais qui ne l'est pas pour tout le monde. Ça peut être un trait de caractère, par exemple prendre la parole facilement en public. Un talent, ça peut aussi être avoir la main verte, lire vite, avoir une bonne mémoire, être empathique, exceller dans l'informatique, dénicher les talents chez les autres, écrire des poèmes, créer avec des objets recyclés, savoir écouter ou savoir transmettre...
Tous tes talents font de toi une personne extraordinaire; et il faut que tu les chérisses, même les plus petits qui te semblent inutiles. Exploite ces dons, travaille-les, et mets à profit ceux qui peuvent t'être utiles dans la réalisation de ton projet. Ton rêve est au bout du chemin, il t'attend. Continue ta route, on se retrouve au chapitre 4.

TÉMOIGNAGE

Écrire un livre

Prénom :

Margaux

Âge :

29 ans

Métier :

Créatrice de contenus à destination des réseaux sociaux et fondatrice de mon e-shop spécialisé en papeterie (https://www.laboutiquedemargaux.fr/a-propos).

Pourquoi ce projet ?

J'ai toujours voulu écrire un livre (plus jeune, j'écrivais régulièrement et je lisais énormément), c'était un rêve de pouvoir partager *via* un média « classique », sur papier. Le côté intemporel du papier m'intéresse, car il est très différent des réseaux que j'utilise au quotidien qui visent le court terme, voire l'instantané (ce qui n'est pas mauvais en soi, c'est juste différent).

Qu'est-ce qui m'a décidé à écrire ce livre au moment où je me suis lancée ? Le destin ! Quand tu as une idée de livre et qu'un éditeur te contacte pile à ce moment-là pour voir si ça t'intéresse, que ton idée lui plaît, il ne faut pas réfléchir trop longtemps. Une telle opportunité, pour quelqu'un qui a toujours voulu créer un livre, ne se refuse pas !

Difficultés rencontrées :

Bizarrement, la difficulté que j'ai rencontrée n'était pas du tout liée au travail d'écriture. J'ai écrit régulièrement (quasiment tous les jours pendant quarante jours), j'avais un plan détaillé qui me permettait d'avancer sans m'éparpiller et je ne me mettais pas de barrière sur mon premier jet. Ce qui m'a permis d'écrire sans jugement quant à mes capacités littéraires ou vis-à-vis de ma légitimité. En réalité, ce qui a vraiment été difficile, ce fut de trouver un accord avec ma maison d'édition sur la couverture et la mise en page finale de mon livre. On a dû faire une grosse dizaine d'essais pour la couverture (les premières propositions étaient intéressantes, mais à l'opposé de ce que j'imaginais personnellement) et probablement autant d'allers-retours sur la mise en page (choix de la police, de l'espacement, des couleurs, des illustrations...). J'avais une idée très précise de ce que je voulais comme rendu, mais ce n'est pas toujours évident de réussir à se comprendre. On a pu trouver un juste milieu, car j'ai rendu mon manuscrit dans les temps et je n'ai quasiment pas eu à le modifier par la suite ; nous avions donc suffisamment d'avance pour effectuer ces multiples allers-retours.

Est-ce que j'ai eu peur que mon livre ne plaise pas ? Bizarrement, pas vraiment. Non que je fusse persuadée qu'il allait plaire ! J'étais juste tellement dans le moment présent que je ne pensais pas du tout à l'après-écriture. Du coup, je n'ai pas eu peur..., avant d'apprendre qu'il y aurait des séances de dédicaces ! Là, c'était une autre histoire, j'étais convaincue qu'il n'y aurait pas grand monde... Heureusement, tout s'est très bien passé, et il y avait beaucoup plus de monde qu'envisagé.

Ce que tu as appris sur toi grâce à ce projet :

Que j'ai beaucoup de choses à partager ! Nous étions parties, mon éditrice et moi, sur une base de 192 pages, on a dû à la fois revoir à la hausse le nombre de pages (mon livre fait 223 pages, soit 30 de plus que prévu!) et réduire mon plan initial de cinq parties aux trois premières uniquement. Bref, j'ai encore beaucoup de matière en stock et, au vu des retours de lecture très positifs que je reçois quotidiennement par message, mon livre s'avère réellement utile. On a toujours l'espoir de toucher quelqu'un, mais, là, ça a dépassé mes espérances. Je suis ravie d'avoir pu aider autant de personnes!

Et j'ai bénéficié d'un énorme soutien de la part de mes proches. Mon arrière-grand-mère, ma grand-mère et ma mère, en acceptant de répondre à mes interviews. Mon conjoint, en prenant en charge toute la gestion du quotidien. Et le reste de ma famille/amis, en me « dérangeant » un minimum pour que je reste concentrée sur mes objectifs journaliers. J'avais aussi la chance de faire partie d'un petit groupe d'écriture: on se tenait au courant de nos avancées, c'était motivant et ça permettait de lutter contre la solitude intrinsèque au processus d'écriture...

Projet futur ou en cours:

L'année prochaine sera une grosse année: on a acheté une maison pour laquelle on va se lancer dans des travaux. On espère y emménager en fin d'année! Côté professionnel, je continue de développer ma boutique et je m'apprête à embaucher de l'aide pour la gérer au quotidien. Comme j'en parle dans mon livre, c'est important de savoir déléguer pour se libérer du temps et pouvoir avancer sur d'autres choses. J'aimerais aussi me servir plus de ma formation de professeur de hatha-yoga en proposant plus de cours sur ma chaîne YouTube. Pour finir, je veux continuer d'améliorer ma qualité de vidéo: j'ai déjà commencé à investir dans un matériel de meilleure qualité et je me renseigne sur différentes techniques de tournage et montage. Après tout, si je ne me fixe pas des objectifs ambitieux, personne ne le fera à ma place.

L'ESSENTIEL

- Comprendre que l'on est responsable de son propre bonheur.
- Prendre conscience de sa force.
- Découvrir le pouvoir créateur de sa volonté.
- Croire en soi et en ses capacités.
- Être curieux et ne jamais accepter une seule vérité absolue.
- Cultiver son inspiration et faire évoluer ses idées.
- Utiliser sa créativité pour faire taire son mental.
- Miser sur son optimisme pour faire face aux difficultés.

Les secrets du succès

TE DONNER LES MOYENS D'Y ARRIVER.

Tout objectif sans plan
n'est qu'un souhait.

– Antoine de Saint-Exupéry

Maintenant que tu as pris conscience de tes ressources, il va falloir activer tes pouvoirs pour passer à l'action! Je te propose, dans ce chapitre, de découvrir les secrets du succès, rien que ça! Mais attention, on n'a rien sans rien. Ici, il va falloir se remonter les manches et faire preuve de rigueur. Il n'y a qu'avec du travail que l'on arrive au succès. Rassure-toi, le travail n'est pas nécessairement déplaisant, il peut être très agréable. Mais il n'en reste pas moins nourri d'efforts.

Quand j'ai pris connaissance des méthodes que je vais te transmettre, je me suis immédiatement dit que l'on devrait les enseigner à l'école. J'ai eu l'impression que l'on ne m'avait jamais expliqué comment apprendre et travailler. Comment être efficace? Comment s'organiser? Et comment réussir? Autant de questions auxquelles je vais t'apporter mes réponses pour t'aider à te lancer. Le temps des résolutions et des plans sur la comète est terminé, maintenant, on agit!

La clef, c'est l'organisation. Imagine un tas de chaussettes solitaires. Si tu les laisses comme ça dans ta chambre, tu vas perdre un temps fou, tous les matins, à réunir une paire. Mais, si tu prends une fois cinq minutes pour toutes les trier et les ranger dans ton tiroir, tu gagneras tous les jours un temps considérable! C'est le pouvoir de l'organisation: passer moins de temps sur une tâche et gagner en efficacité. En d'autres termes, faire moins d'efforts pour plus de résultats, ou travailler moins pour gagner plus. Ça te paraît trop beau pour être vrai? Passons à la pratique!

CRÉER DU TEMPS POUR TON PROJET

Il y a plein de choses auxquelles on accorde beaucoup trop de temps pour très peu de résultats. Alors, avant tout, je t'invite à faire un bilan de tes journées. Prends ton carnet et liste tes tâches journalières: faire à manger, travailler, faire le ménage, t'occuper de tes enfants ou animaux, faire du sport, regarder la TV, prendre les transports, lire, regarder les réseaux sociaux, te doucher, te maquiller… Ensuite, fais un petit tableau avec trois colonnes et regroupe-les dans ces catégories : « Temps de travail », « Temps pour moi », « Catégorie mystère ».

Dans ton *temps de travail*, tu noteras tout ce qui te rapporte de l'argent ainsi que tes obligations et corvées ménagères (par exemple : faire les courses, récupérer les enfants à l'école, faire les comptes…).

Dans le *temps pour toi*, tu vas écrire uniquement ce qui te procure de la joie, tout ce que tu réalises pour TE faire plaisir. Pour être certain que c'est vraiment du temps pour toi, demande-toi si ça t'épanouit et si ça te fait du bien. La notion de plaisir est très importante, car tu peux passer deux heures sur les réseaux sociaux tous les jours simplement pour t'occuper, mais ça ne te rendra peut-être pas heureux.

Et tout le reste va dans la *catégorie mystère* !

Allez, c'est parti, remplis ton tableau et ne continue pas ta lecture avant de l'avoir fini !

Ça y est, c'est fait ? Ne triche pas, c'est important pour la suite ! OK, alors c'est le moment de te révéler le vrai intitulé de la catégorie mystère : « Temps perdu » ! Il se peut qu'il te reste très peu de choses à mettre dans cette catégorie, car tu es déjà très efficace, et ça, c'est super ! Il est aussi possible que tu te sois trompé de catégorie, car ce n'est pas toujours facile de s'avouer que certaines choses ne nous apportent pas de joie. Il n'y a pas de honte à penser que dîner avec ses collègues ne nous fait pas plaisir et que faire les devoirs avec son enfant n'est pas un moment pour soi.

Parfois, il y a beaucoup de choses à ranger dans « Temps perdu ». On peut retrouver trop d'heures devant la TV et sur les réseaux, les trajets en transports en commun, les pauses déjeuner dont on ne profite pas, les difficultés à sortir du lit le matin et à se préparer, la procrastination…

Dis-toi, en tout cas, que 100 % des gens peuvent dégager au moins trois heures dans leur semaine. Ça te semble beaucoup ?

Trois heures par semaine, c'est trente minutes par jour ; c'est mieux déjà, non ? Mais ça peut aussi être quinze minutes par-ci, quinze minutes par-là réparties sur ta journée. Au bout du compte, ça fait quand même trois heures chaque semaine que tu peux d'ores et déjà allouer à ton projet.

FAIRE UN RÉTROPLANNING

Avançons maintenant avec cette certitude rassurante que tu as le temps pour concrétiser ton projet. Je vais aller au-delà en te disant que tu auras sûrement encore plus de trois heures à ta disposition une fois que tu auras fini ce chapitre. Et, quand tu auras fini ce livre, tu pourras même t'offrir encore plus de temps 100 % plaisir rien que pour toi. En attendant, entrons dans les méthodes d'organisation.

Avant tout, il va falloir que tu fasses un rétroplanning détaillé de ton projet. C'est tout simplement un planning depuis ce jour jusqu'au moment de la concrétisation. Il peut se faire sur un mois ou sur plusieurs années, suivant les besoins de ton projet. Plus sa réalisation va prendre du temps, plus il va falloir le décomposer en tâches. Parce que, si tu reprends tes études et que tu notes uniquement « Dans trois ans, avoir mon diplôme », ça ne va pas t'aider à travailler au quotidien.

Donc, munis-toi de ton carnet et, à nouveau, crée un tableau à trois colonnes : « Années », « Mois », « Semaines ». Si ton projet nécessite moins d'un an, tu inscriras : « Mois », « Semaines », « Jours ». Ces colonnes vont regrouper tes objectifs à court, moyen et long termes. Commence par le plus facile : noter ton objectif dans la colonne correspondant au long terme. Ensuite, réfléchis à la façon de le diviser en objectifs à moyen terme. Toujours en prenant l'exemple du diplôme, tu peux par exemple noter : « Valider ma première et deuxième année », « Valider mes trimestres », « Intégrer un groupe de travail », « Trier et ranger mes cours», «Faire des sessions de révision tous les mois» Et, pour finir, divise à nouveau ces tâches en objectifs à court terme: «Travailler deux heures par jour en rentrant des cours», «Réviser les travaux de la semaine passée, le week-end», «Lire un livre par semaine», «Mettre au propre mes dernières notes».

Comment bien définir un objectif? Idéalement, il doit suivre l'acronyme SMART:

- Spécifique: bien définir sa tâche.
- Mesurable: pouvoir clairement quantifier sa réussite.
- Atteignable: la tâche doit être réaliste et accessible.
- Réalisable: la tâche doit être pertinente et rentable.
- Temporellement défini: poser une date limite de réalisation.

Grâce à cette méthode de planification, tu as une vision globale de tout ce que tu dois faire pour concrétiser ton projet. Et le bonus, c'est que tu ne te retrouves pas directement face à ton but, qui peut parfois t'impressionner. Chaque jour, semaine, mois et année, tu as des tâches à effectuer qui te rapprochent doucement mais sûrement de l'objectif final. C'est aussi très motivant, car, au lieu d'attendre la réussite de ton projet, tu obtiens des succès réguliers.

Mais il y a aussi de grandes chances que, parmi tes tâches, tu sois confronté à certaines difficultés. Des choses qui vont te poser problème, ou tout simplement que tu n'auras vraiment pas envie de faire. Il existe plusieurs moyens de t'en débarrasser.

Tout d'abord, il faut mettre au clair tes priorités. Qu'est-ce qui est «super-important», «important mais peut attendre», et «pas vraiment important»? Je te propose une petite métaphore pour mieux visualiser ce tri. Imagine que tu disposes d'un saladier que tu remplis à ras bord de gros cailloux. Est-ce que ce saladier est plein? Oui, plein de gros cailloux. Imagine, maintenant, que je verse du gravier dans ton saladier et qu'il se faufile entre les cailloux. Est-ce que ton saladier est plein, cette fois? Et si j'y ajoute du sable qui va, lui aussi, se faufiler entre les pierres et le gravier?

Et si je verse de l'eau sur le saladier ? Là, je te confirme qu'il est plein ! Mais finalement, avant, il ne l'était pas ! En revanche, si j'avais mis directement l'eau à ras bord, rien d'autre n'aurait pu rentrer.

Chaque élément, dans ce saladier, désigne une catégorie de priorité : les plus importantes sont les cailloux, et les moins importantes sont représentées par l'eau.

LA *DEADLINE* OU DATE LIMITE

Il faut donc commencer par la réalisation des objectifs les plus importants (quand bien même ce seraient les plus pénibles) avant d'accorder du temps aux plus insignifiants, parfois plus faciles. Sans quoi tu n'auras pas de temps pour tout et tu te sentiras débordé. Ça veut en effet dire qu'il faudra parfois commencer par ce qui t'enthousiasme le moins, comme faire un business plan ou un budget prévisionnel…

Pour t'atteler à une telle tâche, l'idéal est de t'imposer une *deadline*. Une durée limitée va créer en toi un sentiment d'urgence qui t'empêchera de repousser ce moment. Bien sûr, chaque date est choisie en fonction du temps qu'il te faut pour réaliser une tâche. Le but n'est pas de bâcler ou d'échouer, mais bien de réussir dans un laps de temps suffisant estimé par toi-même. Savoir estimer son temps est primordial pour ne pas le gâcher. Par exemple, s'il te faut 1 minute pour lire 1 page, tu peux estimer ton temps de lecture d'un livre de 254 pages à environ quatre heures. Tu peux donc te fixer l'objectif d'avoir lu ce livre en quatre jours à raison d'une heure tous les soirs. Et tu vois qu'en décomposant ta tâche comme expliqué plus haut tu vas vite avoir fini cette lecture ! Non seulement tu pourras cocher cette case, mais, en plus, tu n'auras plus à y penser. Ça soulage, par la même occasion, ta charge mentale et ça te permet de libérer de la place dans ton cerveau. Je t'invite, d'ailleurs, à faire des listes de tout ce qui peut te traverser l'esprit afin d'expulser tout ça sur le papier. À chaque chose écrite, pensée libérée. Tu peux aussi créer un carnet ou un fichier boîte à idées pour ton projet. Quand tu manqueras d'inspiration, tu n'auras qu'à le parcourir pour te remémorer ce à quoi tu as déjà pensé, mais qui ne faisait pas sens jusqu'à ce moment.

Si, dans une journée, tu as plusieurs tâches à faire qui te semblent difficiles, tu peux aussi décider de bloquer deux heures pour toutes les faire et t'en débarrasser. En prenant les devants et en te fixant cet objectif, tu sais que tu vas devoir faire de gros efforts sur une période courte. Il est souvent plus simple de faire preuve de motivation sur un instant précis que sur le long terme.

VAINCRE LA PROCRASTINATION

Ah, la motivation ! Ça s'en va et ça revient... Mais, finalement, la faute à qui ? À la procrastination ! Pour s'organiser de façon effective, il n'y a pas de place pour la fainéantise. Le succès ne tombe pas du ciel. Je te le disais en début de chapitre, il faut travailler pour y arriver. Même les plus grands artistes ne se reposent pas que sur leurs dons. La procrastination est une entité vicieuse qui t'entraîne, l'air de rien, vers l'inaction, voire vers le découragement. Elle s'installe dans un petit coin de ta tête chaque fois que tu remets quelque chose au lendemain, chaque fois que tu abandonnes quelque chose. Tu l'auras compris, pour ne pas la laisser s'installer, il suffit d'agir ! Ah ça, je t'avais dit qu'il allait y avoir de l'action dans ce chapitre !

Comment arrêter de remettre les choses à demain ? J'ai une formule magique pour toi : « Toute pensée réalisable dans l'instant doit être transformée en action. » Et ce qui est génial, c'est que ça vaut autant pour ton projet que pour ta vie en général. Reprenons l'exemple des chaussettes qui traînent : au moment où je pense qu'il faudrait que je les range, si je le peux, je le fais. Ce n'est pas plus compliqué que cela. Bénéfices : une maison rangée, une tête rangée, un projet qui avance à vitesse grand V !

Et comment ne pas abandonner, alors ? Parce que parfois ça semble être la seule issue ! Avant de te répondre, je tiens à préciser qu'il est important de reconnaître quand on s'est trompé. Si ton entreprise fonce droit dans le mur et que tu ne peux plus rien faire pour redresser la barre, ça ne sert à rien de sombrer avec. Donc, oui, parfois l'abandon est salvateur. Mais ces cas sont finalement assez rares, comparés au nombre de fois où l'on commence quelque chose sans le finir. Et on a toujours plein de très bonnes raisons :

– Je me suis inscrite à la salle de sport le 1er janvier, mais je n'y vais plus parce qu'il pleut tout le temps.
➤ Et en été, il fera trop chaud ?

– J'ai acheté une guitare, mais les cours sont trop chers.
➤ Et les tutos sur YouTube ?

– J'ai acheté une maison à rénover, j'ai commencé les travaux, mais je n'ai plus le courage de continuer.
➤ Tu préfères vivre dans une maison en chantier pendant des années ?

– J'ai commencé un régime, mais c'est bientôt Noël.
➤ Et puis, après, il y aura les galettes, les crêpes, Pâques...

– J'ai commencé à écrire un livre, il y a longtemps, mais je n'arriverai jamais à le faire publier.
➤ Comment le savoir sans essayer ?

– J'ai fait une formation en lithothérapie, mais mon conjoint n'y croit pas, alors j'ai abandonné.
➤ Et toi, tu n'y crois pas ?

Stop aux excuses ! Dis-toi que toute action commencée doit être menée à bien avant d'en entamer une nouvelle. Que ce soient tes petites tâches du quotidien ou tes grands projets, il est souvent plus efficace de procéder une chose après l'autre. Ainsi, je t'invite à passer un contrat avec toi-même pour vaincre la procrastination et rester déterminé. Répète après moi : « J'achève ce que j'ai commencé, je n'abandonne pas, même les plus petites choses ! Je vais au bout de mes idées, au bout de mes projets, et même au bout de la lecture de ce livre ! »

Et si tu sens une baisse de motivation, si tu entends les excuses arriver au galop et le découragement suivre, invoque ce contrat.

Je te le répète depuis le début de ce livre : tu es vraiment le seul en mesure de te prendre par la main. Tu es ton propre coach et tu dois t'imposer cette rigueur pour réussir à concrétiser ton projet. Il faut que tu restes focalisé sur ton but, ton bonheur. Nombreuses sont les distractions, et encore plus de nos jours. Évidemment, je ne te dis pas de ne jamais te divertir ! Il est nécessaire de prendre du temps pour se vider la tête et se ressourcer. Je vais d'ailleurs aborder ce sujet dans le prochain chapitre. Mais, si tu as à ta disposition un temps très limité à accorder à ton projet, il va falloir te concentrer sur l'essentiel et rester focus. On est en plein dans la rigueur, et ce n'est pas la partie la plus sympa, j'en conviens. Mais compter sur la chance ne suffit pas. La source de toutes tes réussites, c'est toi.

Cette méthode d'organisation va provoquer un peu de changement dans ta vie. Mais ce n'est que du positif, tu vas voir ! Parce que tout ce que tu mets en place pour la réalisation de ton projet se reflète directement sur toi. Ce chemin que tu empruntes est rempli de découvertes et de nouveautés. N'aie pas peur du changement, car il est la nature même de la vie. Les saisons rythment la nature, les enfants deviennent grands-parents, et les idées transforment des vies.

Votre vie ne s'améliore pas par hasard, elle s'améliore par le changement.

– Jim Rohn

Continue cette route vers le succès, tu ne risques que de t'y découvrir plus épanoui.

Au début, tu ressentiras peut-être de l'entrain et de l'euphorie à te lancer dans ce nouveau projet ! Par la suite, tu auras sûrement des journées sans motivation. C'est à ce moment qu'il va falloir activer tes pouvoirs de force et de volonté. Il faudra te rappeler ce pour quoi tu fais tout ça, l'importance de ton projet à tes yeux. Certains disent qu'il faut 21 jours pour mettre en place une nouvelle habitude, d'autres parlent de deux mois. Moi, je vais te faire partager mon expérience d'ancienne fumeuse.

J'ai commencé à fumer vers la vingtaine, très bêtement. Un ou deux ans plus tard, mon corps malade ne tolérait plus la cigarette. Je l'ai donc écouté, j'ai arrêté. Et au début, c'était facile puisque je ne pouvais plus fumer. Ensuite, je suis allée mieux, et là a commencé la bataille. Tous les jours, je me disais : « OK, j'ai envie de fumer, mais est-ce que si j'attends cinq minutes, l'envie sera toujours là ? » Et, chaque fois, elle passait. Au bout de quelques mois, je me suis dit que j'étais guérie de cette addiction, et j'ai repris une cigarette. Juste une – histoire bête et tellement connue. J'ai évidemment recommencé à fumer. Encore quelques années plus tard, mon corps m'a à nouveau imposé l'arrêt de la cigarette. Mais, cette fois, j'ai compris. Je ne pourrai jamais en être complètement débarrassée, même aujourd'hui, alors que cela fait plus de quatre ans. Je pense que la durée pour se débarrasser d'une mauvaise habitude ou en mettre en place une nouvelle dépend vraiment de sa nature. Tout ça pour te dire que le combat contre la procrastination peut durer toute une vie, mais qu'il devient de plus en plus facile, car tu finis par bien connaître ton adversaire !

CINQ DE PLUS

Comme, moi, je me disais d'attendre cinq minutes pour voir si l'envie d'une cigarette passait, je t'invite à faire de même pour te pousser à aller toujours plus loin dans tes capacités ! Il s'agit de la « règle du 5 » qui permet de réaliser l'impossible. L'impossible ? Non, pas voler par la force de ton esprit, mais ces choses dont tu ne te crois pas forcément capable. Quand tu penses avoir donné ton maximum, quand tu penses avoir été au bout de toi-même, quand tu n'as plus d'idées ou de motivation. Repousse tes limites de 5 minutes. Appelle 5 autres banquiers pour ton prêt. Lis 5 autres livres sur le sujet de ton projet pour trouver l'illumination. Concentre-toi pendant encore 5 minutes, 5 de plus, pour te prouver que tes limites ne sont pas infranchissables et que ton impossible n'existe pas. C'est comme ça que les sprinters dépassent leurs propres records. Ils sont en compétition avec eux-mêmes et repoussent sans cesse leur maximum de quelques dixièmes de seconde. J'aime beaucoup cette citation de Donald Westlake qui dit que « quand c'est impossible, c'est plus long ». Alors, autant y croire tout de suite et gagner du temps, non ?

Maintenant que tu sais comment t'organiser, gérer ton temps et tes priorités, que tu as les outils pour lutter contre la procrastination et pour te dépasser, je vais te proposer des outils magiques. Je t'assure que l'adjectif est bien choisi...

Nous allons aborder un chapitre qui va te sembler très aérien, après les conseils pratiques que je viens de te partager. Garde les pieds sur terre et prépare-toi à avoir la tête dans les étoiles, c'est ainsi que les rêves se réalisent !

Et, dans cette dynamique, je t'invite à terminer ce chapitre avec un nouvel exercice qui va te permettre de créer ta routine de pouvoir. Si tu perds pied, que tu fais face à un imprévu et que tu ne sais plus quoi faire ou par où commencer, tu pourras toujours y revenir pour retrouver ta stabilité. Parce que l'organisation, c'est aussi un formidable outil pour s'apaiser et se rassurer. Elle nous permet de contrôler notre direction et de préparer nos prochaines actions. C'est un peu le petit cocon du créateur ! On y va ?

EXERCICE 4

Créer une routine de pouvoir

Qu'est-ce qu'une routine de pouvoir? C'est un schéma efficace constitué de différentes étapes te permettant de reprendre ton pouvoir créateur. Grâce à lui, tu peux débloquer une situation compliquée, trouver une solution à un problème ou changer de direction si tu sens que tu n'es plus sur la route du succès... La routine de pouvoir que je te propose aujourd'hui est une base qui fonctionne très bien pour moi, mais je t'encourage à la modeler à ton image.

Elle est organisée de façon rigoureuse pour, successivement, me remplir de confiance et d'énergie, mettre mon problème à plat, y trouver une solution, et me relancer dans la motivation.

Elle peut être utilisée en cas de blocage, de difficultés, d'erreurs, de découragement ou de démotivation. Et, dans le cas présent où tu n'as peut-être pas encore l'un de ces soucis, c'est une carte «Sortie de prison» à glisser dans ta poche afin de l'utiliser dès que tu en as besoin.

Je t'encourage néanmoins à réaliser cet exercice avec l'une de tes préoccupations actuelles, quand bien même elle ne concernerait pas ton projet. Si tu n'en as aucune, en ce moment, exerce-toi avec le dernier problème que tu as rencontré. L'idée est d'imprimer cette routine dans ta tête pour que tu y repenses en temps voulu.

Ma routine de pouvoir:

1. Trois grandes respirations complètes (inspirer du ventre puis des poumons, retenir 4 secondes, expirer des poumons puis du ventre).
2. Position de confiance du super-héros, debout droit, les mains sur les hanches (on ne rigole pas et on la tient 2 minutes, ça s'appelle du *power posing*, et ça agit sur l'hormone du stress).

3. Bilan de la situation (répondre à « qui, quoi, où, quand, comment, pourquoi ? » pour définir précisément le problème, son ampleur et ses répercussions).
4. Changement de perspective (prendre du recul sur le problème, le regarder sous des angles différents, imaginer que je suis quelqu'un d'extérieur).
5. Atouts à activer (quelles sont mes cartes à jouer pour renverser la situation, régler le problème ou changer de direction ?).
6. To-do list et planning à mettre à jour (avec les nouvelles mesures prises pour régler la situation).
7. Chercher une citation motivante (« Ce n'est pas parce que les choses sont difficiles que nous n'osons pas, c'est parce que nous n'osons pas qu'elles sont difficiles. » Sénèque).
8. Créer (peu importe quoi – un dessin, une photo, un texte –, juste créer quelque chose de nouveau).
9. Danser (mettre de la musique forte et entraînante, et me dynamiser en dansant comme une folle).

Après cette routine, je récupère mon pouvoir créateur, ma motivation, mon envie, mon énergie, et je suis prête à relever de nouveaux défis ! À ton tour de découvrir le pouvoir de cet exercice ! Ça peut être très rapide et te prendre dix minutes, comme une heure. Mais je te conseille de ne pas dépasser cette durée, car cela aurait un effet contraire et te ferait perdre ton précieux temps.

J'espère que tu es maintenant prêt à découvrir les autres outils magiques que je te réserve. Tu n'as pas fini d'être étonné, je te promets de t'emmener sur la route de la réussite et du bonheur !

TÉMOIGNAGE

Acheter une maison

Prénoms:

Jean-Philippe et Claudie

Âges:

59 ans et 57 ans (quarante ans de vie commune)

Métiers:

En invalidité depuis sept ans, et ex-esthéticienne à mon compte pendant vingt ans.

Projet concrétisé:

Acheter une maison en Bretagne et y habiter pour la retraite.

Pourquoi ce projet?

Nous adorons cette région depuis trente ans. Nous y allons tous les ans en vacances. Nous voulions, depuis longtemps, y avoir un pied-à-terre pour la retraite. Avant de nous décider, nous avions acheté un *mobile home* dans un camping en bord de mer pendant deux ans. Comme moi (Claudie), j'étais encore à quelques années de la retraite, nous pensions louer un petit appartement en attendant. Ça ne s'est pas passé comme prévu.

Difficultés rencontrées:

Nous avons eu énormément de difficultés pour réaliser ce projet. Notre histoire s'est déroulée sur un an et fut un vrai ascenseur émotionnel!

Dans l'idée de trouver un pied-à-terre à acheter en Bretagne, pour le louer en attendant la retraite, nous avons fait quelques visites et nous avons eu un coup de cœur lors de la visite d'un tout petit appartement lors de l'été 2018.
Pour couvrir les frais de cette location, nous avons pris la décision de vendre notre grande maison dans la campagne sarthoise plus tôt que prévu. Nous pensions alors trouver une petite maison en location dans la Sarthe, le temps d'arriver à la retraite dans quelques années et de partir définitivement nous installer en Bretagne. Moi (Jean-Philippe), étant en invalidité depuis longtemps, j'avais de toute façon de plus en plus de mal à entretenir notre grand terrain. De plus, notre maison étant très isolée, ça commençait à peser sur le moral. Non seulement être en Bretagne me faisait du bien mentalement, mais ça me faisait aussi oublier mes douleurs chroniques.
Nous avons eu une bonne offre pour notre maison. Elle nous aurait permis d'acheter l'appartement en Bretagne que nous avions repéré en attendant de l'habiter pour notre retraite. Malheureusement, notre acheteur nous a fait faux bond. Tout a été annulé.

Coup de théâtre, deux mois plus tard, quand moi (Claudie), j'ai décidé de mettre fin à mon activité d'esthéticienne. Suite à un surmenage moral et une pression du chiffre, j'ai fait un burn-out et je ne supportais plus d'aller au travail.
S'est ensuivie la décision de mettre en vente mon institut de beauté en même temps que notre maison. Sans l'attache de mon travail, nous prîmes la décision de partir vivre en Bretagne définitivement avant ma retraite.
Ça tombait bien, car notre maison était à nouveau en train d'être vendue ! Et nous avons eu un acheteur pour l'institut, quinze jours après. Tout est allé très vite, trop vite, peut-être ?

Trois mois plus tard, l'acheteur de notre maison se retire. Encore. Du coup, nous prenons la décision de ne plus vendre l'institut de beauté. Ce qui veut dire pour moi (Claudie) de retourner au travail malgré mon burn-out.
C'est le début d'une période difficile. Moi (Jean-Philippe), je me voyais déjà en Bretagne ; les cartons commençaient à s'empiler. Nous n'avions plus le *mobile home* pour partir le temps d'un week-end, ça devenait difficile de gérer mes douleurs et mon moral. Quant à moi (Claudie), je me demandais si on avait pris la bonne décision. Est-ce qu'on allait enfin y arriver ? J'étais pleine de peurs et de doutes, en plus du burn-out. Je suis d'un naturel optimiste mais aussi réaliste. Il me fallait continuer à travailler coûte que coûte en attendant que la maison se vende à nouveau. Je pense que nous possédons des forces qui nous dépassent. Heureusement, nous étions entourés de personnes bienveillantes qui étaient là pour nous. Je me répétais tous les jours cette citation pour garder espoir : « Si tu n'obtiens pas ce que tu désires, ce n'est pas que tu ne le mérites pas, mais que tu mérites mieux ! »

L'été 2019, un an après le début de ce projet, notre maison était à nouveau sur le point d'être vendue, pour la troisième fois, mais beaucoup moins cher qu'initialement. Par chance, les anciens acheteurs de l'institut de beauté étaient toujours partants. Tout s'est mis en place. Nous nous sommes alors décidés à ne plus chercher à louer, mais plutôt à acheter un bien en Bretagne, et partir définitivement. Nous avons rapidement trouvé une maison simple mais à deux kilomètres de la mer, le rêve ! Nous avons dû faire un prêt pour voir venir, car nous partions vivre dans une région sans attaches et sans travail. Le saut dans le vide sans parachute ! Trois mois après, nous emménagions en Bretagne !

Ce que vous avez appris sur vous grâce à ce projet :
Si nous avions réussi à vendre notre maison en 2018, nous serions aujourd'hui locataires d'un tout petit appartement

sans balcon. À la place, nous sommes, deux ans plus tard, les heureux propriétaires d'une maison bretonne avec un petit terrain, à cinq minutes de la mer ! Comme quoi, il faut croire en ses rêves, car certains peuvent se réaliser.
Nous avons, tous deux, traversé deux années très difficiles, moralement. Nous en sommes sortis plus forts et plus soudés que jamais ! C'est reparti pour quarante ans de vie commune !

Projet futur ou en cours :

Nous effectuons quelques travaux dans notre nouvelle maison pour la mettre à notre goût. Et puis, surtout, il ne se passe pas une journée sans que nous allions découvrir notre nouvelle région ! La Bretagne est si belle !
Moi (Jean-Philippe), je me prépare pour la saison nautique. J'adore naviguer, c'est mon moment à moi, seul avec la mer.
Quant à moi (Claudie), je prends du temps pour moi avant d'envisager de retrouver du travail. J'ai confiance en l'univers, je ne sais pas si je retravaillerai, si je reprendrai l'esthétique ou tout autre chose. Je m'accorde du temps, je le mérite bien. Nous profitons de cette nouvelle vie. Cette vie dont nous avions tant rêvé !

L'ESSENTIEL

- Trouver une méthode d'organisation qui nous convient.
- Débloquer 3 heures par semaine pour son projet à raison de 30 minutes par jour.
- Créer un rétroplanning pour visualiser l'ordre des tâches à faire.
- S'imposer des *deadlines* motivantes pour chaque tâche.
- Arrêter de procrastiner en réalisant tout ce qu'on peut faire dès qu'on y pense.
- Repousser ses limites avec la règle des « 5 de plus ».

Des outils magiques

ATTIRE À TOI
LA RÉUSSITE.

Nous ne voyons pas
le monde tel qu'il est,
mais tel que nous sommes.

– Emmanuel Kant

Place à la magie ! Garde ton esprit et ta boîte à outils bien ouverts en parcourant ce chapitre. C'est le moment d'activer deux de tes pouvoirs en particulier : celui de la curiosité et celui des croyances positives. Je vais te présenter des techniques qui ne seront pas toujours tangibles et qui sont susceptibles de bousculer un peu les plus cartésiens d'entre nous. J'ai moi-même passé la plus grande partie de ma vie à croire uniquement à ce que je pouvais expérimenter. Je ne laissais aucune chance à ce que je ne pouvais pas expliquer. Tout ce qui était de l'ordre de la croyance non religieuse, de la foi, de la confiance en la vie m'était inconnu. Pire, comme je les refusais en bloc, je soutenais que tout cela n'existait pas. Après ma prise de conscience, mon esprit s'est ouvert. J'ai, bien sûr, toujours un fond cartésien, mais maintenant je laisse sa chance à l'inexplicable.

Et, pour cela, j'applique une formule magique qui fonctionne extrêmement bien. Je vais te la dévoiler, et je t'invite vraiment à l'utiliser pendant la lecture de ce chapitre. Chaque fois que tu seras un peu sceptique, dis-toi simplement : « Pourquoi pas ? » C'est vraiment une question rhétorique extrêmement puissante qui a changé ma vie. Attention néanmoins à toujours, toujours, l'utiliser à condition que le sujet soit positif. Il faut qu'il ne comporte aucun risque et que tu puisses garder ton libre arbitre ainsi que ton sens critique. Ne prends jamais rien pour acquis, pose-toi toujours des questions ! Je le redis, car c'est important, dans ce livre, je partage ma vérité. Je te donne mes conseils, mes astuces, mes solutions, et c'est à toi d'y prendre ce qui va te parler. Dans absolument toutes les méthodes et guides, il y a des choses à prendre, et d'autres qui ne te correspondront pas. Pense à un régime, par exemple. Il n'existe aucun régime alimentaire et diététique qui convienne à 100 % des individus sur cette planète. Il en va de même pour la vérité. Elle est propre à chacun, rappelle-toi la métaphore de l'éléphant ! Nous voyons tous la vie par le prisme de notre éducation, de nos croyances, de nos sentiments...

Maintenant que tu es dans les bonnes conditions pour activer ta curiosité et tes croyances positives, plongeons dans la magie qui va te permettre de réaliser ton projet !

AH, L'AMOUR !

Je vais commencer doucement, avec la plus connue des magies, néanmoins extrêmement puissante : la magie de l'amour. Oui, je vais te parler d'amour dans un livre pour concrétiser tes idées. Ça te semble bizarre peut-être ? Et si je te dis que « Tout seul, vous volez ; entouré, vous vous envolez » (Catherine Testa), tu vois où je veux en venir ? Ensemble, on est plus forts, on va plus loin, plus vite, on touche les étoiles ! Ce projet dans lequel tu te lances va probablement te demander beaucoup d'énergie et de force. Tel un bébé, il est important de l'accoucher dans l'amour. Se lancer sur un chemin pavé de peur promet un voyage chaotique ; et pire, c'est une route qui t'éloigne de la réussite. Je t'en parlais brièvement dans le premier chapitre, ce projet, c'est le tien, et il n'appartient qu'à toi. Mais, si tu as la chance d'être entouré de proches bienveillants, n'hésite pas une seconde à les inviter dans ton aventure. Avoir avec toi ces gens qui t'aiment est un vrai bonus ! Non seulement tu te sentiras soutenu et écouté, mais, en plus, ils peuvent être une vraie source de motivation.

Le fait de partager tes objectifs avec un ou plusieurs proches aimants te permet de créer un engagement tacite. Tu as annoncé « au monde » que tu allais réaliser ce projet. Tu ne peux plus te défiler. Tu es tenu, par ta propre déclaration, à faire de ton mieux et à aller au bout de tes idées. Quand un projet reste dans ta tête, que personne n'est au courant, tu sais implicitement que tu pourrais abandonner. Et ça, nous l'avons abordé dans le précédent chapitre, c'est interdit par la loi de la réussite ! Alors, utilise la magie de l'amour pour t'aider à rester sur le chemin de l'accomplissement.

Si j'insiste sur l'amour, c'est parce que, sans lui, tu pourrais craindre que tes proches te jugent en cas d'échec. Si tu partages ton projet avec quelqu'un qui t'aime, il sera bienveillant, même si tu te trompes. Mieux : il sera là pour t'aider à te relever, à te soigner et à repartir de plus belle ! Donc, choisis bien qui tu invites dans ce voyage, ce sera un allié de taille ! Une seule personne suffit amplement.

Partager avec un proche aimant, c'est aussi s'autoriser à lui demander de l'aide. Avoir besoin de quelqu'un n'est pas un signe de faiblesse. Au contraire, le fait de le reconnaître traduit une vraie connaissance de soi. L'aide peut prendre beaucoup de formes différentes, la plus courante étant une main tendue. Ne jamais refuser une main tendue ! Tu peux avoir besoin de parler, de faire du tri dans tes objectifs, de prendre du recul sur ton projet, de te changer les idées, ou même d'avoir besoin que l'on te pousse un peu aux fesses. Si tu sais que tu as tendance à ne pas tenir la distance, que ta motivation vacille et que la procrastination te fait de l'œil (malgré les astuces que je t'ai exposées dans le précédent chapitre), demande de l'aide ! Explique à ton proche que tu aurais besoin d'un suivi avec lui, de faire un point tous les mois sur tes avancées. Peut-être aussi te sentirais-tu plus à l'aise s'il venait avec toi pour un rendez-vous important… Ne te dis pas que c'est trop demander sans avoir posé la question. Demande-toi si tu serais prêt à le faire pour quelqu'un que tu aimes. Si la réponse est oui, il est fort probable que ton proche ressente la même chose. Il faut toujours laisser l'autre répondre pour lui-même.

Il se peut que ton proche ne soit pas disponible, ou qu'il ne puisse pas t'aider, car ça dépasse ses compétences. Dans ce cas, je t'invite à te tourner vers une autre source d'amour à laquelle tu ne penses peut-être pas : la communauté. L'entraide est tissée de compassion, de bienveillance et d'amour. L'individualisme est malheureusement encore très ancré dans notre société. Nous avons tendance à avoir peur de l'autre, à nous méfier et à nous demander ce qui motive un acte de bonté. Mais, parfois, il suffit d'oser ! Ose croire à l'amour. Ose faire confiance à l'entraide. Il y a plein de communautés en tous genres sur les réseaux sociaux, par exemple. Je suis prête à parier que tu n'es pas le premier ni le dernier à te lancer dans un projet comme le tien. Tu peux forcément trouver un forum ou un groupe Facebook qui traite du sujet et qui pourra t'aider. Attention cependant à ne pas trop dévoiler ton projet, s'il est susceptible d'être copié. Garde toujours pour toi ce qui le rend unique. Par exemple, je n'ai dévoilé le vrai thème de mon livre qu'à très peu de gens. Pour les autres, j'ai simplement mentionné l'écriture d'un livre de développement personnel – ce qui est très large.

L'amour est vecteur de réussite, n'en doute jamais ! Mais il y a deux faces à une même pièce. Je te conseille de ne pas partager ton projet avec trop de personnes différentes. Par exemple, pour tes proches, je t'invite à en choisir trois au maximum qui t'accompagneront dans ce voyage. Ça peut te sembler curieux, car tu peux imaginer que plus tu parleras de ton projet à différentes personnes, plus tu seras motivé pour le mener à bien.

L'inconvénient de l'annoncer à beaucoup de personnes est que ça peut avoir l'effet inverse de celui que tu recherches. D'un engagement tacite, tu passes à un accomplissement fictif. Je m'explique ! Par exemple, le fait de déclarer ouvertement que tu vas écrire un livre va être reçu par les gens comme si tu l'avais déjà fait. Ils te rangent dans la case de l'auteur et te félicitent en avance de ce que tu n'as pas encore réalisé. Tu es vu, aux yeux de la société, comme un auteur, même si tu n'as pas commencé à écrire. Tu connais sans doute une personne qui a toujours beaucoup de projets, qui t'en parle avec enthousiasme et qui ne les concrétise jamais. Peut-être même que tu te reconnais dans cette description… Annoncer à tout le monde ton objectif te dégage, d'une certaine façon, de la nécessité de réussir. C'est comme si tu l'avais déjà fait, tu es félicité d'entreprendre. Si tu traverses une période de doute ou de démotivation, ça peut suffire à t'arrêter dans ton élan. Tu te diras que ça peut attendre un peu, tu sortiras une panoplie d'excuses, et retour à la case départ : chapitre 1 !

Mais ce n'est pas tout, l'accomplissement fictif te prive également du feu créatif généré par l'euphorie. En partageant ainsi ton projet, tu fais sortir toutes tes idées de ta tête. Et, petit à petit, à force de répéter à plusieurs personnes ce que tu veux faire, tu vas épuiser ton inspiration. Alors que ce feu brûle si fort quand tu viens d'avoir une nouvelle idée ! Pour entretenir ces braises, il suffit de ne pas attendre et de ne pas trop le partager.

T'ACCORDER DU TEMPS OFF

Entretenir ton feu créatif, c'est bien ; mais l'attiser, c'est encore mieux ! Et voici venu le deuxième outil magique que je veux te dévoiler – outil trop souvent sous-estimé : le temps pour soi. Je t'ai vu lever un sourcil ! Tu dois te dire que ça n'a rien de magique. Et, en plus, tu as déjà du mal à trouver du temps pour ton projet ; alors, pour toi, c'est impossible ! Tu penses même peut-être qu'il faut sacrifier le temps pour soi si on veut réussir. Si tu as bien lu les chapitres précédents, tu sais que tu peux facilement libérer trois heures par semaine pour ton projet. À la fin de ce chapitre-ci, tu auras au moins ajouté vingt minutes par jour consacrées au temps pour toi.

Avant tout, prends conscience que ton temps est précieux et investis-le dans ce qui compte pour toi. Je t'ai déjà donné mes astuces pour identifier et utiliser ton temps perdu. Ici, je vais te montrer comme étirer le temps ! Je t'avais prévenu que mes outils étaient magiques...

C'est le moment de reprendre ton carnet et de regarder tout ce que tu as rangé dans ta colonne « Temps pour moi ». Entoure tout ce qui t'enrichit véritablement. Pas ce qui te détend ou t'occupe quand tu t'ennuies, mais vraiment ce qui fait de toi une meilleure personne, ce qui t'apprend des choses. Si tu ne trouves pas beaucoup de mots à entourer, ne t'inquiète pas, c'est normal. Un constat assez fou et très global est que nous nous oublions. Sortis de l'école, nous ne cherchons plus à apprendre. Si, parfois on apprend un nouveau métier. Mais apprendre quelque chose pour soi et pour s'enrichir personnellement n'est pas une démarche systématique. Cependant, comment être créatif si on ne nourrit pas la machine de nouvelles connaissances, de rencontres, d'expériences et d'échanges ?! Comment avoir de nouvelles idées ? Comment être réactif face aux changements de la vie ?

Le temps pour soi est essentiel. C'est celui qui te permet de te développer personnellement. Oui, le temps pour soi est du temps de développement personnel. Et, pour étirer son temps quotidien afin de lui faire de place, il n'y a qu'une solution : le fabriquer. Tu dois fabriquer ton temps pour toi.

La première solution est la plus simple à mettre en place, mais aussi la plus difficile, puisqu'il faut se lever plus tôt. Tu vois peut-être où je veux en venir... Je vais te parler du *Miracle Morning*[1] ! La méthode de développement personnel d'Hal Elrod a fait ses preuves à travers le globe. Si tu ne la connais pas, je vais te la résumer rapidement. Et si tu la connais, continue ta lecture, car je vais t'expliquer comment j'ai transformé la méthode initiale pour la faire entrer dans tous les rythmes de vie.

LE MIRACLE MORNING

Le Miracle Morning repose sur le constat que les gens n'ont pas de temps à accorder au développement personnel. Donc, Hal Elrod propose de se lever une heure plus tôt tous les matins pour pratiquer 6 activités de dix minutes. Ces activités sont classées

1. Hal Elrod, *Miracle Morning : offrez-vous un supplément de vie*, First, 2016.

en différentes catégories qui forment l'acronyme SAVERS (« sauveurs ») :

- Silence (respiration, méditation, prière, contemplation)
- Affirmation (mantras, phrases positives comme dans l'exercice 2)
- Visualisation (imaginer ses objectifs déjà réalisés, je t'en parle en détail plus bas)
- Exercice (sport)
- *Reading*/Lecture (lecture enrichissante, pas de roman)
- *Scriban*/Écrire (un journal intime, tes gratitudes, le bilan de la veille...)

La magie de cette méthode, c'est qu'en seulement une heure, on s'enrichit de six façons différentes ! Et le réveil est facilité par ces activités que l'on a hâte de pratiquer tous les jours. Bien sûr, c'est une routine qui demande un peu d'efforts à mettre en place, comme l'organisation dont je te parlais précédemment. Mais les résultats sont là. OK, c'est bien beau, mais tu te lèves déjà à 6 heures tous les matins, tu finis ta journée épuisé, et tu t'endors devant la TV ! Je sais, tout le monde ne peut pas mettre son réveil une heure plus tôt tous les jours ! J'ai moi-même commencé le Miracle Morning en travaillant de nuit dans l'hôtellerie. C'est comme ça que j'ai réfléchi à un moyen de bénéficier des effets de la méthode, malgré mon mode de vie particulier.

Mes astuces « Miracle Morning pour tous » :

- CUMULER : chaque activité représente une heure dix par semaine. Tu peux tout à fait choisir de faire une séance d'une heure dix de sport par semaine au lieu de dix minutes tous les matins.
- AJUSTER : tu n'es pas obligé d'écrire dans un carnet, tu peux ouvrir une note spéciale dans ton téléphone et écrire pendant ton trajet en transports en commun.
- RÉDUIRE : si tu n'as pas le temps, il vaut mieux faire une activité deux minutes au lieu de dix minutes plutôt que de l'éliminer. La régularité est la clef d'une routine efficace.

- RÉPÉTER : si tu n'as pas d'inspiration pour écrire, tu peux créer un questionnaire quotidien à remplir (date, humeur, objectif de la journée...).
- ANTICIPER : ne pas hésiter à faire ses dix minutes de silence dans le lit, avant de montrer à sa famille qu'on est réveillé ! Attention toutefois : à éviter, si on se rendort facilement.
- FRACTIONNER : pas le temps de faire ta visualisation, ce matin ? Tu peux la déplacer à ta pause déjeuner en t'isolant quelques minutes aux WC...
- ADAPTER : s'il y a une activité que tu ne veux ou ne peux pas faire, n'hésite pas à la remplacer par une autre. L'important, c'est que cette routine t'enrichisse, toi.

Tout cela peut paraître beaucoup pour commencer à t'accorder du temps, alors je t'invite à essayer d'abord avec l'activité qui te tente le plus. Et, ensuite, tu peux ajouter les autres au fur et à mesure.

On ne peut pas,
sous prétexte qu'il est impossible
de tout faire en un jour,
ne rien faire du tout.

– L'ABBÉ PIERRE

Si tu es plutôt du genre à t'accorder un week-end tous les mois plutôt qu'une heure par jour, c'est OK aussi ! À condition, bien sûr, de vraiment faire en sorte que ce week-end soit entièrement dédié au temps pour toi. Et pour cela, je trouve que les stages ou les retraites sont idéals. Non seulement tu changes d'environnement, mais en plus tu es plongé dans une bulle de bien-être. C'est un excellent moyen de procéder à une introspection, mais aussi de s'ouvrir aux autres. Les personnes qui participent à ces stages sont toutes là pour la même raison : prendre soin d'elles. Tu peux faire une retraite de yoga, un stage d'aquarelle, une semaine de trek dans le désert... Il existe forcément quelque chose pour toi. Et, évidemment, je t'encourage aussi à tenter cette expérience même si tu t'accordes déjà du temps tous les jours !

NE RIEN FAIRE

Le temps pour soi, c'est aussi accepter d'arrêter. Ne plus étirer le temps pour le remplir, mais le laisser glisser sur soi, ne rien faire. Dis-toi : « Aujourd'hui, je ne fais rien, je le décide. Et surtout, je ne culpabilise pas ! J'ai tout à fait le droit de ne rien faire, de temps en temps. » La nature est cyclique, notre corps aussi. Nous avons des périodes d'énergie, d'autres de repos. Ne culpabilise pas de t'arrêter, ça te permet de te ressourcer et de repartir de plus belle. Prends l'habitude d'écouter ton corps et de voir ses signaux d'alarme. Quand tu attrapes un rhume, que tu as mal au dos ou aux genoux, il te dit souvent « stop ». Quand tu perds ta voix, que tu oublies tes rendez-vous et que tu casses tout ce que tu touches, il te dit aussi « stop ». Prendre du temps pour soi, c'est savoir reconnaître ses limites mentales et physiques. C'est s'occuper de soi comme de son meilleur ami. C'est se faire passer avant ; parce qu'on ne peut pas donner aux autres si on n'a plus rien. Et on ne peut pas attiser son feu créatif quand on est vide.

Et si tu prenais deux minutes pour toi, maintenant ? Pendant les deux prochaines minutes, tu vas juste ne rien faire. Tu vas retourner ce livre, fermer les yeux, et observer les sensations que te procure ta respiration. Mets un chronomètre (on en a tous un sur nos smartphones), et je te retrouve juste après.

Ça fait du bien, non ? Imagine ça tous les matins ! Allez, continuons notre route magique... J'ai réservé le plus magique pour la fin... Sais-tu ce que l'espoir, les prières, la loi de l'attraction et les vœux ont en commun ? Toutes ces pratiques sont des demandes à la Vie, à l'Univers, au Divin, à la Nature, à la Chance, au Destin. Appelle-le comme tu veux, selon tes croyances et ce qui résonne le plus en toi. Je pense que tu ne t'attendais pas à trouver ça dans ce livre, n'est-ce pas ?

Je te dirai que je n'aurais jamais cru écrire un jour sur cela non plus. Mais, tu te souviens, au début de ce chapitre, je te demandais de garder l'esprit ouvert, d'activer ta curiosité, de te dire « Pourquoi pas ? » C'est le moment !

Je vais te présenter plusieurs outils pour poser tes intentions et faire des demandes à l'univers. Ça va être, pour moi, l'occasion de te faire un témoignage très personnel lié à ce livre, mais également de revenir sur l'activité de visualisation mentionnée dans le Miracle Morning.

VISUALISE TON SUCCÈS

Je t'ai mentionné la loi de l'attraction, il y a quelques lignes, je ne sais pas si tu connais son principe. Elle consiste à attirer à soi ce que l'on ressent et ce dont on est convaincu. Si tu es positif, tu attireras du positif. Si tu ressens ta réussite, tu l'auras.

C'est, en fait, ce sur quoi est basée la visualisation. L'idée est d'imaginer ton projet concrétisé avec succès en t'attardant sur tes ressentis. Pour l'exemple, disons que ton projet, c'est de piloter un hélicoptère. Il va alors falloir que tu imagines toutes les étapes pour y arriver, ainsi que ce que tu ressentiras quand tu auras réussi. Donc, tu vas te visualiser en train de réviser la théorie avec rigueur, puis tes essais à la pratique, plein de détermination, et enfin le jour où tu vas réussir. Là, tu vas t'attarder sur tes cinq sens – comme dans l'exercice 1 pour le tableau de visualisation : que vois-tu ? Que sens-tu ? Qu'entends-tu ? Que dis-tu ? Que goûtes-tu (tes larmes salées de joie ?!) ?

Et identifie les émotions qui te traversent. Une fois que tu as fait cela, il ne suffit pas de les lister, mais bien de tout ressentir comme si tu y étais.

Ça demande un petit peu de pratique, mais quand tu visualises, tu verras que c'est comme si tu te projetais dans le futur.

C'est cette bonne énergie, cette vibration positive qui va attirer à toi ton succès. D'ailleurs, je t'invite à revenir régulièrement voir ton tableau de visualisation pour vérifier si quelque chose que tu y avais affiché ne s'est pas réalisé sans que tu t'en rendes compte. Car ce tableau est aussi un outil qui mobilise la loi de l'attraction ! Tous les jours, tu passes devant tes objectifs, c'est une forme de visualisation passive.

Réaliser ce genre d'exercice permet de programmer ton cerveau à des croyances positives. Elles te mettent sur la route de la réussite. Si tu es ouvert, souriant et bienveillant, tu as plus de chances de faire des rencontres. Et, parmi ces rencontres, il y en aura peut-être une qui sera décisive pour la concrétisation de ton projet.

LE CHÈQUE D'ABONDANCE

Pour faire tes demandes à la Vie, tu peux aussi faire un chèque d'abondance. Non, tu ne vas pas dépenser d'argent, promis ! Il s'agit de faire un chèque en demandant ce que tu désires vraiment à la place de l'argent. Comme un bon pour un petit déjeuner au lit, si tu veux. Sauf que, cette fois, il faut identifier ce qui te rendra heureux, ce qui fera de toi quelqu'un de meilleur. Aujourd'hui, tu vas demander la concrétisation de ton projet, puisque c'est le sujet de ce livre. Tu peux le faire maintenant dans ton carnet, si tu le souhaites. L'important est de formuler ta demande en détail, clairement, au présent et de façon positive, comme une affirmation. Tu dates ton chèque et tu le gardes bien précieusement. Ça te paraît un peu niais ? C'est l'heure de te faire part de mon témoignage.

L'HISTOIRE MAGIQUE DE CE LIVRE

En octobre 2019, j'ai fait une retraite bien-être avec Sisters-M. Nous avons, entre autres, réalisé un chèque d'abondance sur lequel j'avais inscrit : « la publication de mon livre ». Ce même livre que tu as entre les mains et que j'avais commencé à écrire, quelques mois plus tôt. Il s'avère que je pensais alors écrire uniquement sur le syndrome de l'imposteur. J'ai rédigé l'équivalent d'un chapitre, et puis plus rien. Donc, je l'ai oublié pendant plusieurs mois, jusqu'à cette retraite. Durant cette dernière, il m'est apparu clairement que la publication de mon livre faisait partie de mes objectifs et que ça me rendrait vraiment heureuse d'aller au bout de ce projet. Donc, j'en ai fait le sujet de mon chèque d'abondance en me disant « Pourquoi pas ? »

Dans le trajet retour de cette retraite, j'ai reçu un message de la personne qui est, à ce jour, ma directrice d'ouvrage. Elle me demandait si j'avais déjà pensé à écrire un livre. Elle me disait que, si oui, elle pourrait m'aider à le faire publier. Je t'assure que c'est vrai. Et ça ne s'arrête pas là.

L'inspiration m'a envahie pendant le trajet en train. Mon chapitre avorté sur le syndrome de l'imposteur est devenu un livre sur « réaliser ses projets ». Une semaine après, j'avais rendez-vous avec ma maison d'édition. Trois jours plus tard, j'écrivais mon sommaire, mon introduction et mon premier chapitre en un week-end. Deux jours plus tard encore, je signais un contrat avec ma maison d'édition.

Alors, tu vois, ça vaut le coup de se dire « Pourquoi pas ? » Parce qu'on ne sait jamais ce qui peut se passer ! Appelle ça comme tu veux – « hasard » ou « destinée », « chance » ou « miracle » –, le fait est que tu as mon livre entre tes mains.

Je ne peux pas te garantir qu'en faisant une demande à l'univers pour gagner au loto, tu vas remporter le gros lot. Je pense vraiment qu'il faut être honnête et juste dans ses demandes. Et puis, bien sûr, il faut être prêt à donner de sa personne ! Mais je suis convaincue que si tu demandes un coup de pouce à la Vie, elle te le rendra d'une façon ou d'une autre, un jour ou l'autre. Et, si elle ne répond pas, c'est que ce n'est peut-être tout simplement pas le bon moment.

Es-tu prêt à croire en la magie ? Ou au moins à lui laisser le bénéfice du doute ? Es-tu d'accord pour essayer ? Après tout, qu'as-tu à perdre ? Ton projet mérite que tu tentes tout ce qui est à ta portée pour le concrétiser ! Et je peux te garantir que, si tu voyages le cœur rempli d'amour avec tes proches, que tu prends le temps de nourrir ton feu intérieur et que tu saupoudres le tout d'un peu de « Pourquoi pas ? », ta route sera belle ! Peu importe qu'elle te mène là où tu l'imaginais ou qu'elle te surprenne et t'emporte encore plus loin. Tu es en route vers le bonheur !

Prochaine étape : le grand saut ! Il arrive, il est tout proche. N'aie pas peur, je te réserve encore quelques leçons de vol ! Avant de foncer, je te propose un petit exercice pour inviter la magie dans ton quotidien. Ça te dit de créer ton petit rituel ?

EXERCICE 5

Réaliser un rituel d'intention

Continue à te poser cette question: «Pourquoi pas?» Dans cet exercice, tu vas en avoir besoin, car il est infusé de magie! La magie de l'intention. Son pouvoir est immense! Si je pose l'intention de courir quarante-cinq minutes, je vais courir quarante-cinq minutes. Si je pose l'intention de concrétiser avec succès mon projet, je vais le faire!

Pour poser ses intentions, il faut d'abord savoir ce que l'on veut et ce que l'on ne veut pas. Tu peux t'en servir comme ici pour réaliser un projet, mais aussi pour te débarrasser d'une mauvaise habitude, comme le grignotage.
L'idéal est de faire un point sur tes intentions tous les mois afin de voir celles qui se sont réalisées et trier celles qui ne sont plus d'actualité.
Dans cet exercice, je te propose un rituel mensuel d'intention. Il va te permettre de prendre un peu de temps pour toi, pour faire le point, te délester de tes peurs et de tes doutes, et de faire une demande à la Vie.

Rituel «Pourquoi pas?»:

- Prévois, si possible, quinze minutes dans ton emploi du temps rien que pour toi, et installe-toi dans un endroit calme.
- Il faut que tu prennes une feuille de papier, ton carnet, des allumettes ou un briquet, et un bol qui ne craint pas.
- Tu peux te créer un environnement qui t'apaise, un petit cocon: mettre de la musique, allumer des bougies, te préparer une boisson chaude, t'installer dans un champ ou sur ton lit...

- En premier, il faut que tu coupes ta feuille volante en petits bouts de papier. Tu vas y noter tes peurs et tes doutes, donc prépares-en autant que nécessaire. Par exemple, tu peux noter : « Peur de ne pas réussir ».
- Pour te débarrasser symboliquement de ces poids qui t'empêchent d'avancer, tu vas les brûler un à un au-dessus de ton bol. Prends bien le temps de regarder les mots brûler et devenir cendres. Imagine que ce sont vraiment tes peurs qui brûlent. Prends le temps qu'il te faut.
- Ensuite, tu vas prendre ton carnet et y lister trois intentions positives pour ton mois. Ces intentions doivent être dépendantes de toi. Par exemple, tu peux écrire : « Je pose l'intention de faire mon Miracle Morning tous les matins. » Mais tu ne peux pas dire : « Je pose l'intention que mon chéri m'offre un ordinateur pour que je sois plus productive. » Nous n'avons d'impact que sur nous-mêmes.
- Finis ce rituel en te remerciant d'avoir pris ce temps pour toi et prends un rendez-vous avec toi-même, le mois prochain, afin de te l'accorder à nouveau.

TÉMOIGNAGE

Changer de vie

Prénom :

Tina

Âge :

28 ans

Métier :

J'accompagne les personnes dans leur chemin vers le retour à soi, et à la reconnexion avec le vivant autour de soi.

Au cœur de mon activité, j'organise des retraites offrant un cadre bienveillant et inspirant pour se recentrer, se ressourcer, se connecter. Je forme également les professionnels de l'accompagnement – professeurs de yoga, coaches, thérapeutes... – à différentes pratiques centrées sur le cœur, afin de rayonner davantage leurs messages. Parallèlement, je propose des séances particulières en présence, et bientôt à distance, pour des accompagnements individualisés. Je propose ponctuellement des ateliers sur la journée, certains étant en plein air et sur donation libre. Enfin, je partage mes réflexions personnelles et ma vision de la Vie sur Instagram @tina_fleur, à travers des textes en prose.

Mon activité est donc composée de nombreuses offres. J'aime la visualiser comme un arbre dont le tronc est l'essence de mon message – l'Amour – et dont les branches offrent différents formats d'expression et d'expérience...

Projet concrétisé :

Je dirais qu'il s'agit de l'alignement de mon mode de vie sur mes aspirations profondes, en exerçant cette activité d'accompagnement tout en étant nomade. Cela fait maintenant quatre ans que je transmets mes valeurs, que je continue d'apprendre et de grandir, ici et là, en France et ailleurs dans le monde. J'ai le sentiment qu'il n'y a plus réellement de séparation entre « ma vie professionnelle » et « ma vie personnelle », il y a juste « ma vie », colorée de toutes ces choses interconnectées.

Ma vie étant donc ponctuée de mes retraites, formations et ateliers organisés dans différents lieux, ainsi que de mes voyages, stages et formations personnelles, je suis naturellement devenue nomade. Ma maison est dans mon cœur !

Ce mode de vie est parfois fatigant, n'offrant guère de stabilité, mais il m'a offert une telle liberté et une merveilleuse expansion intérieure !

Pourquoi ce projet ?

J'ai compris, suite à une longue réflexion personnelle, que j'avais besoin de mener une vie qui résonnerait davantage avec mes propres vibrations. Mon parcours scolaire ne me prédestinait pas du tout à ce mode de vie ! Après avoir fait une classe préparatoire, j'ai effectué un bac + 6 en école de commerce. Durant les deux dernières années d'études, je me suis posé de nombreuses questions sur le sens de la vie, notamment grâce à la découverte de la philosophie yogique. Je sentais que je n'étais pas sur la bonne voie, en tout cas pas sur « ma bonne voie », alors j'ai décidé de voyager vers de nouveaux horizons, afin de prendre le temps et l'espace nécessaires pour faire mûrir cette réflexion et choisir dans quelle direction me tourner pour la suite. J'ai donc vécu en Nouvelle-Zélande quelques mois, où j'étais serveuse et, entre deux services, je pratiquais intensément le yoga dans la communauté où je vivais. Petit à petit, des personnes

ont souhaité se joindre à moi, et je me suis retrouvée à donner mes premiers cours, naturellement.
En me voyant enseigner avec tant de passion, mon ami chilien m'a un jour demandé : « Tu te demandes ce que tu veux faire dans la vie..., si tu enseignais le yoga ? » Et ma première réponse fut : « J'ai fait un bac + 6, il faut que j'utilise ce master, peut-être pour travailler dans une ONG, par exemple. » Il m'a répondu : « Qu'est-ce qui t'oblige à valoriser ton master ? »... « Rien. » À cet instant précis, j'ai eu l'impression que l'on me retirait des œillères. Le déclic s'est fait en moi, tout a fait sens : je me suis sentie libre de changer complètement de voie, d'emprunter celle qui résonnait si fort en moi, celle de la reconnexion à soi, aux autres, à la Nature, au Tout.
Les jours qui ont suivi, j'ai rempli un carnet entier de mes projets de retraites et d'ateliers pour rassembler les gens autour du Cœur, avec le yoga comme outil principal. Je suis rentrée en France, annoncer ce projet de vie à ma famille, et tester ma toute première retraite avec mes amies. Puis, je suis allée, pour la première fois, trois mois en Inde pour approfondir ma pratique au berceau du yoga. À mon retour en France, j'ai organisé mes premières retraites aux quatre coins du pays.
Aujourd'hui, je continue ainsi à voyager, à apprendre et à transmettre les messages du cœur, invitant chaque être à cultiver l'amour, la joie, la paix dans sa vie.

Difficultés rencontrées :

La première difficulté a été financière, surtout la première année. J'ai vécu sur mes modestes économies, et j'ai dû cumuler un job alimentaire en parallèle du lancement de mon activité pour réussir à me dégager un minimum. Ma toute première retraite était à perte, et ma deuxième était tout juste à l'équilibre, mais j'étais OK avec ça, et j'y ai mis tout mon cœur.

La logistique a également été une difficulté, au début : j'ai commencé en proposant des cours de yoga dans des associations et cafés culturels, non équipés. La première année, je donnais des cours entre Avignon, Aix-en-Provence et Montpellier, j'étais constamment sur la route. Je me déplaçais avec une dizaine de tapis roulés sur mon dos, un sac de blocs dans la main droite, un sac de sangles et autres accessoires dans la main gauche, et mon sac à effets personnels sur ma poitrine. Je transpirais littéralement, les covoitureurs hallucinaient chaque fois !

Enfin, je crois que la principale difficulté a été la gestion de mon énergie mise dans ce projet. Je me suis souvent retrouvée épuisée – ce qui est un comble quand on transmet le message de l'écoute de soi ! Lors de mes premières retraites, je faisais tout : le ménage des lieux avant et après, les lits, les courses, la cuisine, l'accueil… en plus des ateliers. Je me souviens de cette retraite que j'avais organisée à Paris, j'étais montée en train, avec le même chargement cité plus haut pour mes ateliers, mais avec, en plus, un robot culinaire sur le dos, des livres, et mes affaires personnelles pour une semaine. Je suis arrivée la veille, de nuit, il neigeait, j'ai dû marcher un kilomètre ainsi, je ne sais vraiment pas comment j'ai fait [rire] ! Heureusement que, petit à petit, j'ai appris à m'organiser, à simplifier et à déléguer certaines choses.

Même si la mise en place de ce projet de vie m'a demandé beaucoup de restrictions, d'efforts, de temps et d'énergie, je n'ai jamais été aussi épanouie et profondément animée par ce que j'entreprenais. Parce que ça avait du sens, parce que c'était une évidence.

Ce que tu as appris sur toi grâce à ce projet :

Ce projet de ma vie m'a tout d'abord appris… que j'apprendrai tout au long de ma vie, justement ! Une fois par an, environ, je m'immerge quelques semaines dans la pratique, j'ai ce besoin de régulièrement reprendre la place de l'élève pour continuer à grandir, pour affiner mon expérience personnelle et enrichir mes enseignements.

En plongeant dans ce projet de vie, j'ai pris conscience que j'étais libre d'écouter mon cœur, libre de changer de direction, libre de me tourner vers la voie qui m'appelle, malgré les barrières apparentes sur le chemin. Me détacher de mes propres pensées limitantes et du regard de la société m'a ouvert au champ des possibles.

J'ai découvert mon feu intérieur – cette force qui m'a donné le courage de faire de nombreuses concessions et de me donner les moyens de concrétiser ce projet. J'ai renoncé à la stabilité, au confort financier et matériel que pouvait m'offrir cette carrière de cadre en entreprise internationale pour, à la place, embrasser l'incertitude de ce projet de vie et m'impliquer corps et âme dans sa réalisation.

Parallèlement, j'ai aussi dû apprendre à me préserver, à ralentir. J'ai compris que, dans la vie, afin de pouvoir offrir la meilleure présence aux autres, il faut, avant tout, prendre soin de soi. C'est pour cela que, régulièrement, je me coupe des réseaux pour quelque temps, pour me recentrer sur moi et sur mes proches, pour retrouver la simplicité de vivre et faire pleinement l'expérience de l'« être ».

J'ai également appris, en devenant nomade, que mon « chez moi » est dans mon cœur, peu importe où mon corps physique se trouve. Voilà maintenant quatre ans que je vis ainsi. Changer constamment d'endroit est parfois fatigant, mais quelle liberté j'ai acquise grâce à ce mode de vie !

Cela m'amène à une autre chose que j'ai expérimentée : le détachement du matériel. Le fait d'être nomade m'a limitée en possessions matérielles. J'ai vendu tous mes meubles, donné de nombreux habits et gardé le nécessaire. Aujourd'hui, je ne vis pas uniquement « d'amour et d'eau fraîche », mais je me sens très légère dans cette simplicité volontaire.

Enfin, je dirais que ce projet de vie n'était finalement que l'amorce d'une merveilleuse prise de conscience générale. Les rencontres, les expériences et mon cheminement intérieur depuis le début de ce projet m'ont permis de reconsidérer mon rapport au vivant en moi et autour de moi : ma relation aux autres, aux animaux, à la Terre. J'ai compris que tout est lié, que tout est Un, que nous sommes toutes et tous interconnectés. Il s'agit de l'essence du message que j'aspire à transmettre à travers mes retraites, formations et ateliers.

Projet futur ou en cours :

J'ai de nombreux projets sur le feu, comme toujours !

– Mon premier livre : j'ai commencé l'écriture d'un livre sur la paix, courant 2019. Je l'écris lentement, au fil de mon propre cheminement.

– Mes cartes oracles : je suis en train de finaliser la création de mes cartes oracles « Voyage intérieur » qui seront autoéditées cette année, en 2020. Mon intention est d'offrir un outil simple pour accompagner les personnes dans leur introspection, dans leur cheminement, dans leur retour à leur être véritable.

– Mes prochaines retraites : bien que j'en aie déjà organisé et mené une vingtaine, finalement, chaque nouvelle retraite est un nouveau projet, un nouveau thème à développer, un nouveau programme à dessiner, un nouveau groupe à rencontrer et un nouvel échange à expérimenter.

– Mes formations : je propose, à présent, des formations d'approfondissement de trente heures, destinées aux professionnels de l'accompagnement. L'idée est de leur donner de nouvelles clefs pour transmettre leurs messages. La toute première a eu lieu en novembre dernier, sur le thème des chakras, et trois prochaines sont planifiées pour 2020.

- Mes accompagnements individualisés : je vais enfin lancer prochainement ce format tant demandé ! Cela me tient à cœur de pouvoir accompagner des personnes de manière personnalisée, pour qu'elle s'alignent et incarnent pleinement qui elles sont vraiment.

- Mes articles : j'ai le projet de partager mes écrits sur mon site Internet www.tina-fleur.com. Je dois encore penser sous quelle forme je souhaite réaliser cela.

- Mes futurs voyages, expériences et apprentissages : je ne sais pas encore où sera mon prochain voyage – je réponds à cette interview depuis Koh Phangan. Mais une chose est sûre : de nombreuses terres m'appellent, pour découvrir d'autres sagesses du monde, ou plutôt d'autres expressions de la sagesse du monde, du Tout. J'ai foulé la terre de chacun des continents avec la soif d'apprendre. Il est essentiel, à mes yeux, de continuer à grandir tout au long de cette vie. Je transmets, oui, mais, avant cela, j'apprends et j'expérimente. Je suis et resterai toujours une élève de la Vie et pour la Vie.

Merci encore, Émilie.

L'ESSENTIEL

- Face à l'inexplicable, se demander : « Pourquoi pas ? »
- Partager son aventure avec un proche aimant.
- Ne pas avoir peur de demander de l'aide.
- Ne pas crier son projet sur tous les toits.
- Créer du temps pour soi en sacrifiant du temps perdu.
- Essayer le Miracle Morning.
- Écouter les signaux d'alerte de son corps et prendre de vraies pauses.
- Essayer la visualisation et les chèques d'abondance.

Le grand saut

LA VIE SAIT OÙ ELLE VA,
SUIS-LÀ.

Point n'est besoin d'espérer
pour entreprendre,
ni de réussir pour persévérer.

– Guillaume d'Orange

À la fin de ce chapitre, tu vas enclencher le bouton « start » et lancer le processus de fabrication de ton projet. Plus d'excuses, de questions, de doutes, tu vas sauter le pas ! Il va falloir y aller, parce qu'à trop attendre le bon moment, parfois on passe à côté du bonheur. Il n'est jamais trop tôt ou trop tard. Si tu peux lancer ton projet aujourd'hui, enclenche la machine !

Cette sixième partie, c'est la dernière avant ton envol, mes dernières recommandations, mais pas des moindres. Parce que, tu l'auras compris maintenant, la recette de la réussite contient de nombreux ingrédients ! Et la plupart sont en toi. Ceux que je vais aborder ici n'échappent pas à la règle. Absolument tout ce que je vais développer dans les prochains paragraphes ne dépend que de toi. Tu n'as besoin de rien ni de personne d'autre pour utiliser ces conseils. Tu es enfin prêt à faire le grand saut ?

LÂCHER PRISE

Connais-tu le lâcher-prise ? C'est un concept que l'on entend beaucoup dans le milieu du développement personnel. C'est un peu présenté comme le but de la vie. Et, comme tout idéal, c'est très difficile à atteindre, voire impossible. Adopter un total lâcher-prise dans tous les domaines de sa vie n'est pas donné à tout le monde, et encore moins à tous les styles de vie. Néanmoins, nous pouvons tous bénéficier d'une petite dose ! Parce que lâcher son emprise sur quelque chose ou quelqu'un, c'est accepter que l'on ne puisse pas tout contrôler. Un lâcher-prise très facile à mettre en place, par exemple, est celui vis-à-vis de la météo. À quoi bon s'inquiéter qu'il pleuve ou non ? Ça ne va pas faire venir le soleil !

Si je t'en parle dans le cadre de ton projet, c'est parce que c'est un outil précieux pour oser te lancer. Ça va te permettre de prendre du recul et d'adopter une attitude qui créera moins de frustration, d'attente et de stress.

Comment ça marche, concrètement ? Je te l'ai mentionné plus haut, le lâcher-prise est l'inverse du contrôle. Vouloir tout contrôler est souvent le signe d'un manque de confiance en soi et/ou d'une peur de l'échec. Le contrôle renvoie une image ordonnée et rassurante, car nous sommes les seuls décisionnaires. Comme le lâcher-prise total, le contrôle absolu est presque impossible. C'est pourquoi ce dernier génère beaucoup de frustration et l'impression, parfois, que tout nous coule entre les doigts. Mais, quand le lâcher-prise est vu comme un outil et non comme un but, il peut aider à lutter contre le stress.

Le lâcher prise, c'est, par définition, libérer quelque chose. Libérer mais pas abandonner. C'est parfois la mauvaise image que peut avoir cette pratique. Alors qu'il ne s'agit pas du tout de baisser les bras, mais bien de faire de son mieux, de tout donner, puis, au moment opportun, de laisser aller. C'est exactement ce pour quoi je t'en parle dans ce livre. Ton projet, tu vas le porter le plus haut possible, tu vas tout faire pour le réaliser, tu vas te donner à 100 % ! Quand tu auras fourni ces efforts, qu'il ne restera pas une seule chose que tu aurais pu faire en plus, ce sera le moment de lâcher prise. Le moment de sauter dans le vide, sans aucun regret puisque tu auras fait tout ce qui était en ton pouvoir pour réussir. Peu importe le résultat, à ce moment donné, en étant la personne que tu es, avec les moyens et les capacités qui sont les tiennes, tu n'aurais pas pu faire mieux.

ACCEPTER CE QUE L'ON NE PEUT PAS CONTRÔLER

Ce qui nous emmène directement à l'acceptation. Pour expliquer ce concept, je vais donner la parole à Bouddha : « Accepte ce qui est, laisse aller ce qui était, et aie confiance en ce qui sera. » Le lâcher-prise couplé à l'acceptation, ça crée vraiment un duo super-puissant ! Pour reprendre l'exemple de la météo :

en libérant son attente, on arrête de s'inquiéter du temps, mais, en plus, en l'acceptant quelle qu'elle soit, on est garanti de passer une bonne journée. Parce que peu importe le temps, on fait confiance à la météo. S'il pleut, c'est comme ça, sans jugement, ça devait se passer ainsi.

C'est pareil pour ton projet, une fois que tu l'auras lancé, il volera de ses propres ailes. Il faudra lui faire confiance, et faire confiance à la vie pour qu'elle t'apporte ce dont tu as besoin. Ce sera peut-être une grande réussite, ou bien quelques épreuves. Mais, dans tous les cas, accepte ce qui arrive et sers-toi de ça pour avancer vers ton bonheur.

Comme le lâcher-prise, l'acceptation peut être mal perçue. On peut se dire que tout accepter, c'est le meilleur moyen de ne pas se battre. Mais l'un n'empêche pas l'autre. Il suffit d'accepter ce que l'on ne peut pas changer, et de changer ce qui peut l'être. Personne ne peut contrôler la météo, à quoi bon se battre contre le vent ? C'est une perte d'énergie. Il est plus simple d'accepter le temps et d'y voir le positif, comme le fait que la pluie est nécessaire à la nature. Pour ton projet, c'est pareil, si tu fais face à un problème insurmontable, ça ne sert à rien de perdre ton temps et ton argent juste pour vouloir aller au bout du bout. Parfois, il faut savoir s'avouer vaincu, se replier et se relancer plus tard avec une meilleure stratégie.

ÉCOUTER SON INTUITION ET SON CORPS

Nous possédons tous un formidable outil pour nous guider dans la vie : l'intuition. Tu sais, cette petite voix dans ta tête qui te fait dire que « tu ne sens pas cette personne ». C'est ton intuition qui te parle en premier dans toutes les situations : une nouvelle rencontre, un lieu, une décision… Si tu hésites à prendre une décision, fie-toi à ce qui te vient instantanément. En général, c'est la bonne réponse, TA bonne réponse, à ce moment, pour toi.

Parce que l'intuition est, par définition, unique et personnelle. Ton intuition se base sur la personne que tu es, sur ce que tu veux et ce que tu vis à l'instant T. La même question n'aura peut-être pas la même réponse de ton intuition si on te la pose dans un mois. L'intuition, c'est un instant fugace de certitude. Mais ce n'est pas la seule voix dans ta tête. Il y a aussi celle de ton ego, celle de ta peur, et parfois même celle des autres. Comme un parent qui t'aurait toujours dit que tu étais incapable.

Parfois, ça peut être nécessaire de prendre du temps pour réfléchir, bien sûr. Mais combien de fois as-tu déjà pensé : « J'aurais dû m'écouter ! » ?

En cas de doute, reviens toujours à ces premières secondes, écoute « tes tripes ». Cette expression imagée signifie aussi que ton intuition peut se lire à travers ton corps. Quand tu stresses, tu as mal au ventre ; quand tu as peur, ton pouls s'accélère et ta bouche devient sèche ; quand tu es nerveux, tes mains deviennent moites... Ton corps traduit ton intuition et tes émotions, même quand parfois tu n'as pas conscience de les ressentir. Suivre ton intuition demande un peu d'entraînement pour être à l'écoute de tous ces petits signes, mais tu as tellement à y gagner !

Pour t'exercer, tu peux noter dans ton carnet toutes les fois où tu te souviens d'avoir écouté ton intuition et la façon dont elle s'est exprimée. Ça te donnera une bonne idée des signes à guetter. Tu peux également t'entraîner avec des questions que l'on te posera dans ton quotidien, comme : « Est-ce que tu veux aller boire un café ? » Peut-être que tu découvriras qu'en fait tu n'en as pas envie et que si tu le faisais avant, c'était pour faire plaisir à l'autre. Plus tu seras à ton écoute, plus ton intuition s'affûtera, et plus il te sera facile de prendre « les bonnes décisions ». C'est extrêmement important pour ton projet, autant pour te décider à le lancer que durant sa réalisation. Tu seras sûrement amené à y faire des modifications, à repenser ton plan d'action ; en bref, à faire face à quelques imprévus. Ton intuition sera une aide précieuse dans ces moments clefs. Prends soin de ton arme secrète...

DIRE OUI !

Je te le disais plus haut, en général, la voix de l'intuition est suivie de la voix de la peur et de celle de l'ego. Ça peut être difficile de les distinguer et de savoir qui a raison. La peur va vouloir que tu restes dans ton petit confort, sans prendre de risque. L'ego, lui, va rejeter tout ce qui ne le nourrit pas, tout ce qui le critique ou qui remet en cause son équilibre. Alors, pour avancer dans ton projet, quand bien même ton intuition ne serait pas encore très affûtée, j'ai une autre astuce à te donner ! Il s'agit du pouvoir du OUI ! As-tu déjà vu le film *Yes Man*, avec Jim Carrey ? Si ce n'est pas le cas, je te le conseille, il illustre bien ce dont je vais te parler. Si tu le connais, alors tu vois où je veux en venir ! Le pouvoir du OUI, c'est tout simplement saisir les opportunités sans hésiter à sortir de sa zone de confort. Je dis souvent que vivre sans sortir de sa zone de confort, c'est comme vivre sans sortir de chez soi. C'est la meilleure façon de passer à côté de sa vie, de plein d'expériences, de rencontres, du bonheur, quoi. Évidemment, ne pas prendre de risques garantit aussi de ne pas se faire mal. Mais, je te le demande, est-ce que l'amour ne vaut pas d'être vécu malgré les peines de cœur ? Est-ce qu'il vaut mieux ne pas aimer ses proches sachant qu'on risque de les perdre, plutôt que de les aimer pour le temps que nous les avons ? Le risque, les peines, les blessures, tout ça fait partie de la vie. C'est ce qui équilibre la joie, la chance et l'amour. La vie et la mort l'un sans l'autre n'existeraient pas. Alors, dire oui aux opportunités, c'est prendre le risque de se tromper, mais c'est aussi et surtout la possibilité d'y trouver le bonheur.

Quand tu vas te lancer sur la route de la réalisation de ton rêve, active le pouvoir du OUI. Est-ce que tu veux de l'aide ? Oui. Est-ce que tu veux aller dîner pour te changer un peu les idées ? Oui. Est-ce que tu veux lire ce livre qui traite de ton projet et qui pourrait t'aider ? Oui. Est-ce que tu es prêt à réaliser ton rêve ? Oui.

Bien sûr, il réside aussi un certain pouvoir dans le NON, car il ne faut pas tout accepter ! NON te permet de fixer des limites, d'asseoir ton autorité ; et tu as tout à fait le droit de le dire à n'importe qui. Autant je t'encourage à sortir de ta zone de confort, autant je t'invite à ne jamais faire quelque chose à contrecœur. Ton projet est ton reflet, il t'appartient et doit te ressembler. C'est OK de faire des compromis, mais assure-toi d'être toujours cohérent avec tes idées et tes envies. N'oublie pas que le but principal, c'est ton bonheur, pas celui des autres. Concentre ton intention là où tu veux aller. Ne perds jamais ton objectif de vue.

QUESTIONS POSITIVES

Nous l'avons déjà abordé dans ce guide, mais parfois tu auras du mal à rester focus sur ton projet. C'est normal, c'est la vie. Alors, je voulais te donner mes dernières astuces pour entretenir ta motivation et ton énergie au quotidien. Il s'agit d'une série de questions positives. Je t'invite à te munir de ton carnet pour les noter et y répondre en même temps :

- Qu'est-ce qui te donne envie de te lever, le matin ?
- Qu'est ce qui te dynamise ? (musique, sport, balade, ton projet…)
- Quelles sont tes activités préférées du moment ?
- Qui sont tes proches qui te donnent de l'amour et que tu aimes ?
- Pour quoi ressens-tu de la gratitude, en ce moment ?
- Qu'as-tu offert aujourd'hui ? (temps, conseil, écoute, nourriture…)
- Qu'as-tu appris aujourd'hui ?
- En quoi cette journée améliore-t-elle ta vie ?
- Pour quelles raisons es-tu fier de toi, en ce moment ?
- Qu'est-ce qui te rend heureux aujourd'hui, en ce moment ?
- Est-ce que tu es la meilleure version de toi, en ce moment ?

Et, enfin, rappelle-toi pourquoi tu t'es lancé dans ce projet. Reviens au premier chapitre de ce livre, relis ce que tu as écrit dans ton carnet. Imprègne-toi de toute cette motivation et retrouve l'énergie que tu avais alors. Accorde plus de temps à tout ce qui te procure de la joie et qui te fait bouger. Dans l'espace, un objet en mouvement est soumis au principe d'inertie. S'il ne rencontre aucun obstacle, il continuera sur sa lancée. Le cas échéant, il s'arrêtera. Il faut alors lui donner un petit coup de pouce pour le remettre en marche. C'est exactement pareil pour la motivation et l'énergie. En cas de baisse ou de panne, donne-toi un petit coup de pied aux fesses, juste le temps de te remettre en mouvement. Ce petit boost sera aussi le bienvenu à la fin de ce chapitre lorsqu'il sera l'heure de te lancer !

LE VOCABULAIRE DU SUCCÈS

Se plaindre de ne pas arriver à se bouger n'a jamais motivé personne ! La plainte, dans sa globalité, n'est pas très productive. Tout comme les railleries et les pensées négatives. J'en reviens à mon exemple de météo, râler parce qu'il pleut n'a jamais fait changer le temps. Pire, ça devient un sujet de discussion : « Il fait moche aujourd'hui, hein ? Il n'y a plus de saison ! Mon brushing est bon à refaire. Vivement l'été ! » Et puis, en été, « Il fait trop chaud ! » Bref, tu l'auras compris, râler est une perte d'énergie infinie, car on peut toujours trouver une bonne raison de le faire ! Ce que je te propose, à l'inverse, c'est d'utiliser le vocabulaire du succès. Oui, le succès a son propre lexique ! Et à quoi ça sert ? Comme les affirmations dont je t'ai parlé précédemment, ça ancre en toi un message positif de réussite.

Pour rappel, le cerveau ne comprend pas la négation. Si tu lui dis : « Je ne suis pas nul », il va comprendre : « Je suis nul. » Donc, il vaut mieux dire : « Je suis génial ! »

En plus des affirmations positives, il y a une technique simple pour booster son vocabulaire habituel. Il s'agit d'augmenter d'un cran le baromètre des adjectifs. Par exemple, quelque chose de « beau » devient « magnifique ». Une « bonne » nouvelle se transforme en « excellente » nouvelle. Être « content » de soi devient être « fier » de soi. C'est assez facile à mettre en place pour les mots positifs. En revanche, ça demande un petit peu plus de pratique pour les négations. L'idée est de transformer le mot pour qu'il induise quelque chose de positif : la « difficulté » est un « défi », la « peur » se change en « excitation », et les « échecs » sont des « apprentissages ». Plus tu utiliseras le vocabulaire du succès, plus ça deviendra naturel pour toi. Et plus ton cerveau aura l'habitude de l'entendre, plus il enregistrera ces informations. Ainsi, tu pourras le reprogrammer pour ne pas te décourager ou perdre ta motivation. C'est également un super outil pour lutter contre le stress ! Je ne suis pas « stressée » de voir si mon projet réussit, je suis « impatiente » !

LUTTER CONTRE LE STRESS

Le stress est un des grands piliers de la peur. Si j'ai peur d'échouer, je vais être stressé à l'approche des résultats. Le stress monte en même temps que la *deadline* approche. Il grimpe aussi à chaque étape importante, chaque validation et chaque difficulté. Est-il normal de s'inquiéter ? Est-ce que tout le monde éprouve du stress ? Et surtout, existe-t-il une recette magique pour s'en débarrasser ? Oui, oui, et oui. Je te l'ai dit plus haut, le vocabulaire du succès ainsi que tous mes autres conseils semés dans ce livre sont des antistress. Plus tu sauras où tu vas, plus tu seras serein. Et plus tu pratiqueras le lâcher-prise et l'acceptation, plus tu pourras anticiper ou calmer ton stress. Tout cela fonctionne très bien, mais j'ai encore une astuce dans ma botte...

Pour réduire son stress, il faut limiter sa charge mentale. Tu en as peut-être entendu parler, c'est tout ce qui pollue ton esprit : les obligations du quotidien, les rendez-vous, les dates importantes, les choses à ne pas oublier, les corvées, les dossiers à rendre…

Visualise ta charge mentale comme un bocal que tu remplis avec ce que je viens de citer, sans oublier les petites tâches insignifiantes auxquelles il faut quand même penser. Il y a de grandes chances que ton bocal soit plein à ras bord. Alors, si tu rajoutes par-dessus tout ce qui a trait à ton projet, ça risque de déborder. Pour réduire ta charge mentale, le plus facile est, dans un premier temps, de la diviser. Si tu as la chance de partager ta vie avec quelqu'un, faites le point sur ce que chacun range dans son bocal pour trouver un équilibre. On peut aussi envisager que l'autre prenne deux tiers des tâches pour laisser la place nécessaire à ton projet. Si tu es seul et si tes moyens te le permettent, tu peux avoir recours à des aides extérieures. Ça peut se faire pour le ménage, la cuisine, la comptabilité, le bricolage… Et si tes moyens ne te le permettent pas, tu peux tout simplement demander de l'aide à ton entourage. Réduire ta charge mentale, c'est finalement libérer de la place dans ta tête et, par défaut, aussi dans ton temps. La conséquence directe d'un mental plus calme et d'un emploi du temps moins chargé est la diminution du stress ! Bingo !

Tu peux également te pencher sur tout ce qui est méditation et exercices de respiration. Ce sont de formidables outils pour vaincre le stress. Si tu es très anxieux et que ça perturbe même ton sommeil, n'hésite pas à consulter un sophrologue ou même un hypnothérapeute. Le sommeil est extrêmement important pour tenir sur la longueur. Ton projet risque de te demander de l'énergie et du temps en continu, alors ne néglige pas ton repos. Il vaut mieux travailler une heure tous les jours qu'une fois sept heures en sacrifiant sa nuit.

LE GRAND SAUT

À la fin de ce chapitre, qui arrive à grands pas, je vais te demander de fermer les yeux. Je vais t'inviter à prendre une grande et longue inspiration/expiration trois fois de suite. Et je vais te demander de faire quelque chose. Cette chose, il faut que tu la fasses pour toi, pas pour moi. Pas pour continuer la lecture de ce guide. Il faut que tu la fasses parce que c'est, maintenant, ton nouveau départ. Il va falloir sauter dans le vide. C'est maintenant le moment de faire le premier vrai pas vers la concrétisation de ton projet. Il est temps de réaliser cette action qui va tout entraîner. Ça peut être envoyer un mail à une maison d'édition, déposer un dossier de création d'entreprise, s'inscrire à une école, acheter du matériel, réserver un billet d'avion, mettre une maison en vente… C'est cette étape symbolique et engageante qui va enclencher la machine. Elle va t'empêcher de repousser ce moment indéfiniment et également de faire marche arrière. Tout ce que tu as à faire, c'est de décider de commencer. Décide de sauter, fais-toi confiance. Allez, on y va ? À la fin de ce paragraphe, je compte sur toi pour fermer les yeux, respirer et foncer ! C'est maintenant.

Bravo ! Le plus dur est fait : sauter dans le vide ! Comment te sens-tu ? Prends le temps de noter tes ressentis dans ton carnet, tu seras ravi de pouvoir les relire plus tard. Tu peux être tellement fier de toi ! Prends le temps de savourer ce moment. Tout commence ici : ton projet, ton rêve, ta nouvelle vie. Tu l'as mis en marche, ça y est. Ce n'est plus un rêve impalpable, à partir de maintenant, tu vas tout faire pour le réaliser. À partir de cet instant, tu sais que tu peux le faire. Tu sais que tu peux tout faire. Tu sais que si tu veux réaliser quelque chose, tu as le pouvoir de le faire. Je t'invite à relire le premier paragraphe du premier chapitre de ce livre :

« Bravo ! Si tu lis ces lignes, c'est que tu es motivé pour réaliser ton projet ! Le fait que tu aies ce guide entre tes mains n'est pas un hasard ; il t'a trouvé, tu l'as trouvé, c'est le bon moment. C'est toujours le bon moment quand quelque chose arrive. Cela signifie que tu es prêt, que tu peux relever ce challenge, car tu en as les ressources en toi. Oui, tu as bien lu, tout est en toi. Avec ce guide, je vais t'aider à en prendre conscience et je vais te donner les outils pour mobiliser tes atouts. Mais je ne peux rien faire sans toi. Je ne peux que te guider, te proposer des pistes et te poser les bonnes questions. Toi seul détiens les réponses. Tu es l'unique artisan de tes rêves, de ton succès et de ton bonheur. Ici et maintenant, tu prends les commandes de ta vie, tu deviens acteur du changement que tu attendais. Il n'y a pas plus euphorisant que de se lancer dans quelque chose de nouveau ! Il est vrai que cela rime souvent avec "sortir de sa zone de confort", mais ça, on y reviendra plus tard. Te lancer dans la réalisation de ton rêve, c'est la garantie de vivre sans regret et de gagner une fierté immense. »

Je ne t'avais pas menti, *tout est en toi*. Maintenant, je te souhaite que ton projet se réalise et qu'il t'apporte tout le bonheur que tu mérites. Je te souhaite de vivre une aventure incroyable ! Et surtout, n'oublie pas de revenir régulièrement piocher les outils dont tu auras besoin dans ce livre. C'est un compagnon de route que j'ai écrit ; j'espère que la tienne sera longue et belle !

Même si tu as l'impression que je te dis adieu dans ces lignes, il n'en est rien ! Premièrement, je vais, comme chaque fois, te laisser avec un exercice. Mais, surtout, ce n'est pas le dernier chapitre ! La septième partie de ce livre est consacrée à l'après – le bilan de ton expérience. Tu peux, bien sûr, la lire maintenant si tu veux, mais n'oublie pas de la relire quand tu seras arrivé au bout de ton projet.

Avant tout, comme promis, voici un petit exercice pour t'aider dans ces premiers instants décisifs.

EXERCICE 6

Rédiger une lettre à soi-même

Le but de cet exercice est d'écrire une lettre que tu pourras relire chaque fois que tu auras des doutes. Ici, tu vas regrouper tout ce qui fait que tu veux réaliser ce rêve. Parce que, parfois, pris dans le courant de la vie, il est facile de perdre de vue la route du bonheur. On s'oublie, on donne la priorité à d'autres personnes, d'autres projets, et petit à petit on se perd. Cette lettre, c'est un peu le chemin de miettes que tu laisses derrière toi au moment où tu es le plus déterminé ! C'est une antisèche du bonheur que tu écris pour ton futur « toi » empreint de doutes. Parce que personne ne te connaît mieux que toi-même, tu sauras trouver les mots pour te redonner du courage !

Pour réaliser cette lettre, je te propose de prendre tout d'abord quelques minutes pour relire ce que tu as noté dans ton carnet jusqu'à maintenant. Prends un surligneur et mets en couleur tout ce qui est positif, tout ce qui te donne de la force, et tout ce qui te semble motivant.
Est-ce que ça t'a fait du bien de relire ces mots ? As-tu le sourire et le cœur gonflé d'enthousiasme ? Si oui, alors tu tiens l'essence de ta lettre. Si non, je t'invite à renouveler les exercices.

Maintenant, si tu en as envie, tu vas pouvoir faire une vraie lettre et l'enfermer dans une enveloppe pour être sûr que personne d'autre ne la lira. Mais tu peux aussi choisir de l'écrire dans ton carnet. Dans tous les cas, c'est un exercice très intime que tu vas réaliser, donc n'aie pas peur de te livrer. C'est une lettre d'amour inconditionnel que tu t'apprêtes à rédiger.

Voici un modèle de structure de lettre que tu peux, ou non, suivre pour créer la tienne :

« De la part de ton toi-même super-motivé.

Le .... à ....

Projet : ....

Cher moi-même,

Si tu lis cette lettre, c'est que tu te sens probablement ....

Je comprends que tu aies besoin de ....

Tu peux compter sur moi pour te remonter le moral, te rassurer et te redonner la motivation d'aller au bout de notre projet !

Dans un premier temps, rappelle-toi que tu es ....

Ensuite, n'oublie pas tout ce que tu as déjà réussi dans ta vie ....

Te souviens-tu pourquoi nous nous sommes lancés dans ce projet ? ....

Face aux difficultés, nous disposons de plein d'outils ....

Enfin, tu n'es pas seul ! Si cette lettre ne suffit pas à te remettre sur pied, tu peux demander de l'aide à ....

Pour finir, sache que je suis extrêmement fier de toi, quelle que soit ta situation aujourd'hui. Continue à faire de ton mieux, je crois en toi. Tu es fort, tu es plein de ressources, tu es capable de tout !

Toi, qui t'aimes. »

TÉMOIGNAGE

Quitter son conjoint

Prénom :

Anaïs

Âge :

27 ans

Métier :

Assistante d'éducation

Projet concrétisé :

Quitter un conjoint violent et déposer plainte pour violences conjugales.

Pourquoi ce projet ?

Pour moi, c'est LE projet de ma vie.

J'ai vécu cinq ans et demi avec mon conjoint. Et j'ai été victime de violences conjugales pendant deux ans et demi. J'ai eu une prise de conscience, un « déclic », comme on dit. Les menaces constantes de mon conjoint devenaient de plus en plus difficiles à entendre.

J'ai aussi pris la décision de quitter mon conjoint grâce à mes neveux et nièces. Étant dans une famille très soudée, ils sont toujours très heureux de me voir. Je suis très proche d'eux, on se dit constamment que l'on s'aime. Et laisser cet homme me détruire – voire mettre fin à mes jours – me mettait hors de moi. Je ne pouvais pas me permettre d'abandonner mes neveux et nièces. Ils m'ont fait comprendre que j'avais encore beaucoup de choses à vivre. Que je ne devais

pas me laisser humilier, rabaisser, et surtout laisser cette personne choisir si je devais vivre ou non.
Le regard de ma famille a pesé dans la balance également. Parce que, même si mes proches ne savaient pas ce qui se passait, ils voyaient un changement de comportement de ma part : perte de poids drastique et renfermement sur moi.
Après avoir quitté mon conjoint, j'ai eu besoin de porter plainte pour m'aider à tirer un trait sur mon passé.

Difficultés rencontrées :

Porter plainte a été très compliqué. Principalement, à cause de la peur. La peur de parler, de paraître, d'être jugée et le manque de confiance en moi m'ont mis des barrières. Ça m'a pris trois ans pour réussir à sauter le pas et porter plainte. C'était maintenant ou jamais. Il était temps de prouver et de me prouver que cet homme ne me détruirait plus et que j'étais une femme bien plus forte que ce qu'il avait osé me faire croire. Reprendre goût à la vie a été compliqué. Me reconstruire est mon plus grand projet, et il se concrétise de jour en jour. Ça prend du temps de m'accepter à nouveau, d'accepter mon passé et également de comprendre que ce qui s'est passé n'est pas de ma faute.

Ce que tu as appris sur toi grâce à ce projet :

Ce que j'ai appris, c'est que j'étais une femme, une vraie femme : forte, élégante, souriante, et je croque la vie à pleines dents. Cette citation n'a jamais été aussi vraie pour moi qu'à ce moment-là : « Tu ne sais jamais à quel point tu es fort, jusqu'au jour où être fort reste ta seule option. »
J'ai appris que parler était la clef du succès : personne n'était au courant de ce que je vivais avant la fin de cette histoire, mais il ne faut surtout pas garder tout cela pour soi afin de pouvoir être aidée et peut-être éviter un drame.
Ce projet m'a aussi appris que j'avais un mental de fer (encore aujourd'hui, cinq ans après ma séparation, dont trois ans après ma plainte). Je suis encore en procès contre

cet homme, mais je ne baisse pas les bras. Je me montre forte et j'encaisse beaucoup plus de choses que je n'aurais pu l'imaginer avant. Je me forge, je suis devenue très méfiante, mais surtout, je profite de chaque instant que la vie m'offre, on ne sait jamais quand celle-ci nous sera retirée.

Et aussi, j'ai appris à m'écouter : écouter mon corps, écouter mon cœur, qui est une source sûre. Soyez bien dans votre peau et dans votre cœur, et le succès vous tendra les bras.

Projet futur ou en cours :

J'ai beaucoup, beaucoup, de projets à venir. Dans un premier temps, je continue ma procédure judiciaire pour avoir gain de cause.

Ensuite, je souhaite me reconvertir professionnellement. Je veux reprendre des études dans la photographie afin de laisser parler ma créativité, mon interprétation du monde extérieur et faire parler mes photos en fonction du message que je veux transmettre.

J'ai également le projet de faire le tour du monde. Voir le maximum de pays, découvrir le maximum de cultures dont je pourrais m'imprégner et qui me permettraient encore de relativiser beaucoup plus qu'à l'heure actuelle, même si le développement personnel y a déjà beaucoup contribué.

Je remercie Émilie de faire entendre ce témoignage qui pourra, j'espère, sensibiliser certaines femmes et leur faire comprendre qu'elles ne sont jamais seules, quoi qu'elles en pensent. Être avec un homme violent n'est pas une fatalité. Et surtout, surtout, j'invite toutes les femmes à croire en leurs rêves ! C'est le plus important !

L'ESSENTIEL

- Pratiquer le lâcher-prise comme antistress.
- Accepter ce que l'on ne peut pas contrôler, agir sur ce que l'on contrôle.
- Se fier à son intuition et écouter son corps.
- Dire OUI aux propositions qui font sortir de sa zone de confort.
- Se mettre un coup de pied aux fesses pour enclencher le mouvement.
- Arrêter de perdre son énergie en râlant.
- Utiliser le vocabulaire du succès.
- Réduire sa charge mentale.
- Prendre soin de son sommeil.
- Se lancer pour ne plus faire marche arrière.

Alors, heureux ?

SOIT TU GAGNES,
SOIT TU APPRENDS.

La joie est dans le risque
à faire du neuf.

– Denis Diderot

Bon retour dans ce guide ! Peut-être que tu l'as lu d'une traite, la curiosité a été plus forte... Ou peut-être que te revoilà après avoir mené ton projet à bien. Dans tous les cas, comme je l'ai mentionné dans le chapitre précédent, je te conseille vivement de lire ou relire cette dernière partie quand tu auras tout donné pour réaliser ton rêve, qu'il ait abouti à ce que tu espérais ou non. Parce qu'ici je vais te donner les clefs pour savourer ce chemin parcouru et pour repartir de plus belle !

La vie est remplie de nouvelles idées, de nouveaux projets. Ce n'est pas parce que tu en as réalisé un que l'aventure est finie. Je ne te dis pas d'enchaîner les projets, au contraire ! C'est essentiel de prendre le temps de savourer la route parcourue et/ou sa réussite. Le bonheur est dans le chemin, mais aussi en haut de la montagne.

Néanmoins, un grand rêve réalisé ne doit pas éclipser les plus petits. Tu peux te donner le droit de tous les réaliser. On a le droit d'avoir plusieurs rêves. De plus, nous évoluons tous énormément, et, très souvent, nos projets aussi. Donc, il est normal que tu éprouves l'envie de faire naître une nouvelle idée.

Et enfin, si le processus de concrétisation de ton projet ne t'a pas rendu heureux, si tu es perdu et que tu ne sais plus dans quelle direction aller, c'est OK aussi. Tout va bien se passer.

Pour l'instant, je vais t'inviter à profiter et à contempler le résultat de ton travail, et, dans une seconde partie, je te donnerai quelques conseils pour semer de nouvelles idées...

OBJECTIF ATTEINT OU PAS ?

Avant tout, comment sais-tu si ton objectif est atteint ou non ? Pour certains projets, la réponse sera assez simple. Par exemple, si tu avais pour but de décrocher un diplôme et que tu ne l'as pas eu, tu peux sans aucun doute répondre que l'objectif n'est pas atteint. Cela dit, nous verrons que ce n'est pas parce qu'un projet n'est pas un succès à 100 % qu'il représente un échec...

D'un autre côté, il y a des projets dont le résultat sera plus ambigu. Si tu rêvais de visiter toutes les capitales d'Europe, mais qu'il t'en manque une, arrivé à ta date butoir, est-ce un raté ? Est-ce que l'objectif n'est pas atteint, alors que trois mois après ta *deadline* tu serais allé dans cette dernière capitale ?

Pour déterminer si ton objectif est atteint ou non, je te propose un petit exercice. Je t'invite à tracer deux colonnes dans ton carnet et à noter dans la première tout ce que tu as réalisé. Dans l'autre colonne, inscris tout ce que tu n'as pas réussi à faire, ou ce qui n'a pas fonctionné. Quel est le côté le plus rempli ?

 # Si tu as plus d'échecs que de succès, ce n'est pas grave

Ce n'est pas parce que ton projet est un échec qu'il reflète ta valeur. On peut rater plein de choses dans sa vie sans que ça fasse de nous des ratés. D'ailleurs, je te l'avais mentionné précédemment, mais un échec est, en fait, une occasion d'apprendre. C'est en faisant le bilan de ce qui n'a pas fonctionné que l'on peut déterminer de nouvelles choses à tenter.

Il y a tellement de citations inspirantes sur l'échec, je te laisse t'imprégner de quelques-unes :

Le succès n'est jamais total,
l'échec n'est jamais complet.
Il n'y a que le courage qui compte.

– Ben Tilton

L'échec est l'épice qui donne
sa saveur au succès.

– Truman Capote

Un échec est un succès
si on en retient quelque chose.

– Malcolm Forbes

Une période d'échec est un moment rêvé
pour semer les graines du succès.

– Paramahansa Yogananda

Ce que l'on appelle "échec"
n'est pas la chute, mais le fait de rester à terre.

– Mary Pickford

Sans échec, pas de morale.

– Simone de Beauvoir

Un échec en est un, uniquement si on n'en apprend rien. Un échec reste échec si on refuse sa part de responsabilité, si on refuse de se remettre en question. Nous sommes tous construits de centaines de mauvaises décisions et d'erreurs. Qui n'a jamais donné sa confiance à une personne qui ne la méritait pas ? Et puis les erreurs passent aussi par les petites choses du quotidien comme le choix de la mauvaise caisse au supermarché (car l'autre est toujours plus rapide !).

Aujourd'hui, tu as le sentiment de ne pas avoir atteint ton objectif. Demain, tu comprendras que c'est grâce à lui que tu as pu en réaliser un autre. Tu as bâti les fondations de ton prochain succès. Tu as fait de ton mieux, tu as mis à profit toutes tes connaissances et tes ressources disponibles. Tu n'as absolument rien à te reprocher. Au contraire, tu peux être fier d'avoir cru en toi et en ton projet jusqu'au bout. Tu peux être tellement fier de toi !

Ton passé n'a rien à voir avec ton avenir. Ce n'est pas parce que tu enchaînes les difficultés que ce sera comme ça toute ta vie. Les questions que je t'invite à te poser maintenant sont les suivantes :

– Qu'ai-je appris de cette situation ?
– Que pourrais-je améliorer ou changer ?
– Que suis-je prêt à faire en plus pour atteindre la réussite ?

Note tes réponses dans ton carnet et n'hésite pas à y revenir régulièrement pour vérifier si tu n'as pas découvert quelque chose de nouveau. Laisse-toi quelques semaines pour digérer cette première tentative, car le temps est un bon conseiller. Il va te permettre d'y voir plus clair, de prendre du recul sur cette expérience. Tu vas pouvoir la presser comme un citron afin d'en faire ressortir des tas de conseils.

Si tu crois au destin, au hasard, ou à l'univers (ou même si tu n'y crois pas, auquel cas je t'invite à nouveau à te dire « Pourquoi pas ? »), peut-être que ce n'était pas le meilleur moment pour voir naître ton projet. Peut-être qu'il y a quelque chose de mieux qui t'attend. Peut-être que tu avais besoin d'apprendre de cet échec pour être mûr lors de ta prochaine tentative.

Il se peut aussi que ce projet ne fût finalement pas fait pour toi, et qu'il t'ait fallu essayer de le mener à bien pour le comprendre. Mais, encore une fois, ce n'est pas grave. Tu as le droit de changer d'avis. Tu as le droit d'abandonner cette idée et d'en choisir une autre. Il n'y a pas de règles, car la seule consigne de cet exercice, c'est d'être heureux. C'est l'unique consigne que tu dois suivre. Si ton plan A ne fonctionne pas, il reste encore vingt-cinq lettres dans l'alphabet pour tenter de réaliser ton rêve !

 # Si, dans tes colonnes, tu as plus de succès que d'échecs, c'est fabuleux !

Ou même si tu as 100 % de réussite, quelle victoire ! Bravo à toi, tu peux être tellement fier ! Encore une fois, peu importe que ton projet soit une réussite à 100 % ou à 70 %. Peu importe que tu n'aies pas complètement respecté ta *deadline*, que tu aies dû faire des ajustements en cours de route, ou même que tu n'aies pas encore totalement concrétisé ton projet. Tu as fait le plus gros, tu as obtenu des résultats positifs qui laissent présager une suite riche en succès. Alors, oui, tu peux le dire, tu as réussi à réaliser ce rêve. Apprécie ce moment, sois fier de ce que tu as accompli. Pour t'en rendre vraiment compte, je t'invite à saisir ton carnet afin de garder une trace de ce beau moment :

« Quand je me suis rendu compte que j'avais réalisé mon projet, j'ai ressenti... »

« Grâce à la réalisation de ce projet, j'ai appris... »

« Je suis fier de moi, parce que... »

« Je n'oublierai jamais... »

Ces notes seront extrêmement puissantes pour te motiver et te redonner espoir dans les moments difficiles. Tu pourrais aussi les glisser dans ta lettre à toi-même de l'exercice 6 pour renforcer ton « antisèche du bonheur ».

Tu es actuellement en haut de la montagne de la réussite, ancre ce moment et ces sentiments. Profite de cette victoire, savoure ton bonheur !

Comme je te le disais plus haut, il est possible aussi que tu te rendes compte que ce projet t'ouvre la porte sur de nouveaux rêves que tu pensais inaccessibles. Tu vas également, peut-être, vouloir faire évoluer ton projet actuel. Parfois, on se fixe des objectifs que l'on est déjà presque certain d'atteindre, pour se rassurer. Ça permet de faire le plein de confiance en soi et de ne pas vraiment sauter dans le vide tout de suite. Si c'est ton cas, tu peux avoir envie de passer à la prochaine étape.

Mais il est aussi possible que tu ne veuilles pas te relancer dans un nouveau projet. Et c'est OK. Tu es le capitaine de ta vie. Pour certains, ce projet sera celui d'une vie. Pour d'autres, il n'est que le premier d'une longue liste. D'une façon générale, entreprendre quelque chose de nouveau procure de l'excitation et un sentiment de joie. Donc, quand tu te sentiras prêt, n'aies pas peur de replonger dans tes idées et de reprendre la route de la création.

Dans la suite de ce chapitre, je vais m'adresser autant à celui qui a atteint son objectif qu'à celui qui n'y est pas encore.

EXPRIME TA GRATITUDE

Je vais tout d'abord te parler d'un outil qui fait des miracles dans absolument tous les domaines de sa vie. Il s'agit de la gratitude.

Quelle que soit ta situation actuelle, tu vas en ressortir grandi. Tu as mille et une raisons d'être reconnaissant, je t'assure. La gratitude, c'est tout simplement se dire « J'ai de la chance ». On va mettre sous les projecteurs tout ce que l'on possède au lieu de tout ce qui nous manque. Pourquoi ? Parce que se sentir rempli et chanceux permet d'être plus heureux.

La gratitude regroupe tout ce qui remplit ta vie de petits bonheurs simples. Tu sais, ceux qui parfois deviennent banals. « Bien sûr que j'ai de quoi manger à ma faim, c'est quand même normal. » Ce qui est pour certains le minimum est un rêve pour d'autres.

Alors, est-ce que tu t'estimes chanceux ? Je ne te parle pas de gagner au loto, mais juste de prendre conscience de la chance que tu as d'être en bonne santé, par exemple. Tu as peut-être aussi la chance d'être bien entouré. Est-ce que tu as la chance d'avoir un toit sur ta tête ? Est-ce que tu as la chance d'avoir fait des rencontres enrichissantes dans ta vie ? Est-ce que ce projet t'a apporté des connaissances ou des prises de conscience ?

S'arrêter et prendre conscience de ce que l'on possède permet de prendre du recul et de savourer d'autant plus notre vie. Donc, tu l'auras compris, si je te parle de gratitude dans ce guide, c'est bien pour que tu prennes le temps de dire « merci » à la Vie de t'avoir mené jusqu'ici. Peu importe le résultat de ton projet. « Merci » est un petit mot que l'on emploie souvent sans y réfléchir, comme « bonjour ». Est-ce que l'on souhaite vraiment une bonne journée à tous ceux à qui l'on dit bonjour ? Est-ce que l'on remercie vraiment du fond du cœur la voiture qui s'est arrêtée pour nous laisser traverser ?

Exprimer sa gratitude, c'est redonner au mot « merci » toute sa valeur. Pour le mettre en pratique, je te propose à nouveau de te munir de ton carnet et d'y noter tout ce pour quoi tu te sens reconnaissant. Je t'invite à le faire dans chacune des catégories suivantes :

« Je suis reconnaissant envers mon projet, car… »
« Je suis reconnaissant envers moi, car… »
« Je suis reconnaissant envers mes proches, car… »
« Je suis reconnaissant envers mon travail, car… »
« Je suis reconnaissant envers la vie, car… »
« Je suis reconnaissant envers… (suivant ton inspiration ça peut être une personne en particulier, une situation, un moment de ta vie), car… »

Maintenant que ton cœur est rempli de gratitude, je vais t'aider à semer de nouvelles idées…

CULTIVER SA JOIE

Que tu veuilles réessayer de réaliser ce rêve ou un autre, il y a quelque chose qu'il va falloir arroser régulièrement, c'est ta joie ! En cultivant ta joie, tu relances ta créativité et ton inspiration ! Semer de nouvelles idées, c'est le meilleur moyen de se renouveler et de continuer à avancer. Tu l'auras compris, ce livre est un guide perpétuel. Arrivé à la fin, je vais te proposer de recommencer le premier chapitre.

Dans un premier temps, essaie de déterminer objectivement si ton projet t'a apporté la joie escomptée. Parce que, je te le rappelle, le but de ce livre, c'est avant tout de t'amener sur la route du bonheur à travers la réalisation de tes rêves. Alors, est-ce que tu es aujourd'hui plus épanoui, plus riche de tes expériences et plus proche de la meilleure version de toi-même ? Si la réponse est « oui », félicitations ! Ça fait du bien, n'est-ce pas ? Et, bien souvent, quand on est plus heureux dans un domaine, ça agit sur les autres aussi. Alors, continue sur cette route et répands ton bonheur !

Il se peut aussi que tu te rendes compte que la réalisation de ton projet ne t'apporte pas la joie escomptée ; ce n'est pas grave. Soit tes attentes et tes envies ont évolué depuis le jour où tu t'es lancé dans ce projet, soit le bonheur est ailleurs. Parfois, on est persuadé que déménager nous rendra heureux, alors qu'il se peut que ça ne change pas grand-chose. Et puis, d'autres fois, on se rend compte que cette idée n'était pas vraiment la nôtre. On peut se persuader que l'on a envie de faire ceci ou cela, alors que ça fera surtout plaisir à ses parents. Dans certains moments de notre vie, on n'a carrément aucune idée de ce que l'on veut ! Quel métier pourrait vraiment me plaire ? Dans quelle ville ou pays me sentirais-je bien ? Est-ce que je suis heureux avec mon compagnon ?

Est-ce que je veux vraiment un enfant ? Finalement, les voyages sont-ils si importants pour moi ?

Si tu te poses ce genre de questions et que tu as du mal à vraiment savoir ce qui te rend heureux, je te propose de faire la liste de ce qui t'a fait du bien, ces derniers temps. Ça peut être des choses minuscules, comme regarder les oiseaux. Ou ça peut aussi être des activités qui t'ont sorti de ton quotidien, comme faire de la plongée sous-marine ! Note tout ce qui te donne de la joie. Et, si c'est possible pour toi, renouvelle ces expériences une à une et vois si elles créent toujours autant de bien-être. Plus tu cultiveras ce qui te fait sourire, plus tu avanceras sur la route du bonheur. Si tu ne parviens pas à remplir ta liste de joies, je t'invite à t'ouvrir au monde et à sortir de ta zone de confort. Je te l'ai dit plus tôt, vivre de nouvelles expériences est le meilleur moyen de cultiver son inspiration. Rencontre des gens, essaie de nouvelles choses, nourris-toi de l'intérieur et vois ce qui te fait du bien.

Quand tu auras trouvé tes sources de joie, tu pourras alors les juxtaposer avec tes « talents ». Par « talents », j'entends tout ce que tu sais et peux faire, tes petites et grandes capacités. Là où se croisent un talent et une joie se trouvent une idée et un projet potentiel. En réalisant cette méthode, tu pourras sans aucun doute trouver de nouvelles inspirations. Je te conseille aussi de te pencher sur l'*ikigai* que je vais te présenter dans le dernier exercice de ce livre. Enfin, n'oublie pas que nous avons tous quelque chose à offrir au monde. Tu es unique et tu es important. Tu es peut-être un peu perdu, en ce moment, mais c'est pour mieux trouver ton chemin plus tard. Utilise ce temps pour apprendre et découvrir !

CULTIVER SA CRÉATIVITÉ

Et, pour semer de nouvelles idées, quoi de mieux que de cultiver sa créativité ? Je t'en ai parlé précédemment, car elle fait partie de tes pouvoirs. Il est à nouveau temps de l'activer pour nourrir ton cerveau, ton âme et ton cœur. Car c'est cette capacité d'imagination qui nous permet de nous renouveler et de relever de nouveaux défis !

Alors, oui, cultiver sa créativité, c'est facile à dire, mais parfois pas si facile à mettre en place. Je te propose de découvrir différentes activités faciles à faire, qui ne nécessitent ni matériel ni talent particulier. Elles vont te permettre de nourrir tes idées avec de nouvelles informations.

Je t'invite à tester au moins une activité dans chaque catégorie présentée ci-dessous. Lors de cette lecture, tu peux les essayer rapidement, juste pour te faire une idée. Tu sauras ainsi dans quels types de création tu te sens le plus à l'aise. Que les activités que je te propose aient un lien ou non avec ton projet n'est pas forcément important. Parfois, ça pourra t'être directement utile, mais d'autres fois ce sera juste un moyen d'activer ta créativité et de faire taire ton mental.

Pour commencer, je te propose la création écrite. Elle permet de mettre des mots sur des pensées, elle ordonne les idées et fait parfois émerger de belles découvertes. Voici deux méthodes différentes que tu peux, dès maintenant, tester dans ton carnet :

- L'écriture intuitive. Tu peux l'utiliser de deux façons. Soit tu écris tout ce qui te passe par la tête, sans réfléchir, pendant, par exemple, dix minutes. Soit tu peux te donner un thème, un lieu, un personnage, et ensuite tu crées un scénario en écrivant au fil de tes inspirations.
- Le brainstorming. Seul ou à plusieurs, cette méthode permet de trouver de nouvelles idées sur un sujet donné. Il suffit de

partir de ce dernier et d'écrire tout ce qui nous passe par la tête. Dans le même genre, tu peux aussi utiliser le *mind mapping*. C'est une technique qui se construit comme une fleur. On part d'un mot au centre, puis, sous forme de pétales, on y ajoute autour toutes les grandes idées qui se rapportent au mot. Chaque idée a sa couleur. Ensuite, on ajoute un nouveau rang de pétales colorés, avec tous les mots qui développent ces idées. Et ainsi de suite, jusqu'à avoir un beau tournesol arc-en-ciel plein de mots !

Ensuite, tu vas pouvoir t'essayer à la création graphique. Quand les mots sont difficiles à trouver, l'image ou la couleur peuvent aider. Là aussi, le but est de laisser parler son imagination sans trop réfléchir. Voici quatre techniques que tu peux tester dans ton carnet :

- Le dessin intuitif. Un peu comme pour l'écriture intuitive, tu vas débrancher ton cerveau. Les outils nécessaires sont un crayon et une feuille, mais tu peux utiliser ce que tu veux (peinture, toiles, feutres, carnets, etc.). Il suffit de laisser aller tes doigts sans volonté de créer quoi que ce soit, un peu comme si tu gribouillais au téléphone. Laisse-toi au moins dix minutes, et puis observe le résultat. Cette fois-ci, imagine que tu regardes des nuages, et laisse aller ton imagination pour décoder ton dessin.
- Le collage (digital ou papier). Un peu comme l'exercice du tableau de visualisation dans le chapitre 1, cette activité consiste à faire des accumulations visuelles. Tu peux choisir de découper tout ce qui te plaît dans un magazine, de créer des tableaux monochromes *via* des logiciels de montage, ou bien de réaliser un *moodboard*, par exemple. Il s'agit d'un tableau d'inspiration. Je te conseille vraiment de t'y essayer ! Il permet de te faire une représentation visuelle d'une idée. Par exemple, pour imaginer le logo de ton entreprise, tu peux ajouter des couleurs, des exemples de logo qui te plaisent, des formes, des textures…

- La photographie et/ou la vidéo sont accessibles à tous grâce à nos smartphones. Immortaliser l'instant peut être une grande source d'inspiration. Les sujets et les façons de les traiter sont illimités ; suis tes envies ! Tu peux, par exemple, te balader et filmer toutes les fleurs que tu croiseras. Tu peux prendre en photo tous les gens avec qui tu parles. Tu peux immortaliser tout ce qui est bleu, le temps d'une journée...
- La chromothérapie, ou colothérapie. C'est une technique basée sur l'impact des couleurs sur nos ressentis. Chaque couleur est plus ou moins consciemment associée à nos émotions. Tu peux tester cette activité par la peinture ou le coloriage, par exemple. Là, tu ne vas rien dessiner, mais juste utiliser les couleurs dont tu as envie en faisant n'importe quoi. Ne cherche pas à analyser pourquoi tu prends telle ou telle couleur, sois dans l'instant et laisse-toi aller. Une fois ton œuvre finie, pose-toi la question de ce qu'elle t'a fait ressentir en la créant et ce qu'elle te fait ressentir en la regardant.

Je t'invite aussi à découvrir la création mentale. Celle-ci ne nécessite ni crayons ni pinceaux, juste ton cerveau et un support extérieur. C'est ce dernier qui va t'apporter de nouvelles informations et qui va permettre à ton cerveau de s'enrichir. En lui donnant à manger régulièrement, il sera plus facilement en mesure de créer de nouvelles idées !

- La lecture. Là, je ne t'apprends rien, mais lire est une véritable source d'inspiration. Idéalement, je te conseille de lire des contenus susceptibles de t'apprendre quelque chose. Ça peut être des guides de développement personnel (ha, ha !), des méthodes de loisirs créatifs, des biographies, des techniques de sport, des essais scientifiques... Tu peux, bien sûr, utiliser les livres (bibliothèque, prêt, e-book...), mais aussi les articles sur Internet, les magazines, les blogs...
- Les vidéos. Quel que soit le sujet qui t'intéresse, il existe forcément une conférence en ligne, un reportage, un témoignage sur le sujet. Internet est une source d'information infinie. Si

ça t'est possible, tu peux aussi assister à des assemblées, discussions ou groupes de parole.

- La contemplation. Ce que je t'invite à faire, ici, c'est simplement à ouvrir les yeux. Tu peux les ouvrir par ta fenêtre et laisser ton esprit vagabonder dans le ciel. Tu peux aussi les promener dans des musées et te laisser inonder par les œuvres d'art. Plus simplement, tu peux regarder un tableau sur ton ordinateur et voir ce qu'il t'inspire. Les yeux sont des fenêtres sur notre âme, mais aussi sur notre imagination.

Et enfin, je te propose de tester la création corporelle pour t'aider à déconnecter de ton mental. Laisse parler ton corps, et accorde-lui de la place pour qu'il puisse créer à sa manière.

- La danse. Non, non, je ne veux pas entendre que tu ne sais pas danser. On s'en fiche ! Je ne te dis pas forcément de prendre des cours de zumba, bien que je t'encourage à le faire si ça te tente ! Mais tu peux tout simplement mettre de la musique et danser seul chez toi, pendant que personne ne te regarde. Peu importe que tu aies un bon déhanché ou non, l'important, c'est que tu lâches tout. Fais n'importe quoi, laisse aller tes mouvements. Défoule-toi, vide-toi la tête, au moins le temps d'une chanson. Petite anecdote : c'est en dansant que j'ai écrit ces lignes. Quoi de mieux que de vivre la créativité pour écrire sur ce sujet ?

Ça fait du bien, non ? J'espère de tout cœur que tu auras passé un bon moment de création ! Pour terminer cette dernière partie, je te propose de découvrir l'*ikigai* – une philosophie japonaise qui aide à trouver sa raison d'être. Elle est vraiment très intéressante et permet de mettre en lumière son plein potentiel ! C'est une super méthode pour mieux se connaître et ne pas perdre de vue sa route du bonheur !

EXERCICE 7

Cultiver sa joie

Voici le tout dernier exercice de ce livre! Et on finit en beauté avec une méthode que j'affectionne beaucoup, car elle est très efficace! Je vais te présenter la philosophie japonaise *ikigai*. Pour les Japonais, c'est un vrai art de vivre qui consiste à cultiver sa joie et la pleine connaissance de soi. L'ikigai peut se traduire par « ce qui donne un sens à notre vie », « notre raison d'être ». C'est ce qui vous motive à vous lever, le matin, ce qui vous rend heureux de vivre.
Ce concept est né au Japon sur l'île d'Okinawa. Sa particularité vient de son grand nombre d'habitants centenaires. En effet, sur cette île, les personnes âgées trouvent leur bonheur et leur raison d'être dans ce qu'elles peuvent apporter à la communauté. De ce fait, elles ne cessent d'être actives et de vivre dans la joie. Serait-ce le secret de la longévité?

Alors, si je t'en parle ici, ce n'est pas pour faire de toi un centenaire, bien que... pourquoi pas? Si j'avais envie de te proposer cette méthode, c'est parce que je la trouve très enrichissante – tant sur le plan personnel que professionnel. Pour la découvrir, il existe un schéma très parlant et très simple qu'il suffit de remplir. Il regroupe tout ce que tu aimes, tes talents, ce dont le monde a besoin, et ce pour quoi tu pourrais être payé. Ces catégories se croisent pour mettre en relief ta mission de vie, ta vocation, tes passions, et ta profession. Le tout formant l'*ikigai*, ta raison d'être, ta joie de vivre.
Voici le schéma que je t'invite à remplir. Prends ton temps, tu peux aussi demander de l'aide auprès de tes proches, si tu peines à trouver tes talents (ou reprendre les éléments de l'exercice 3).

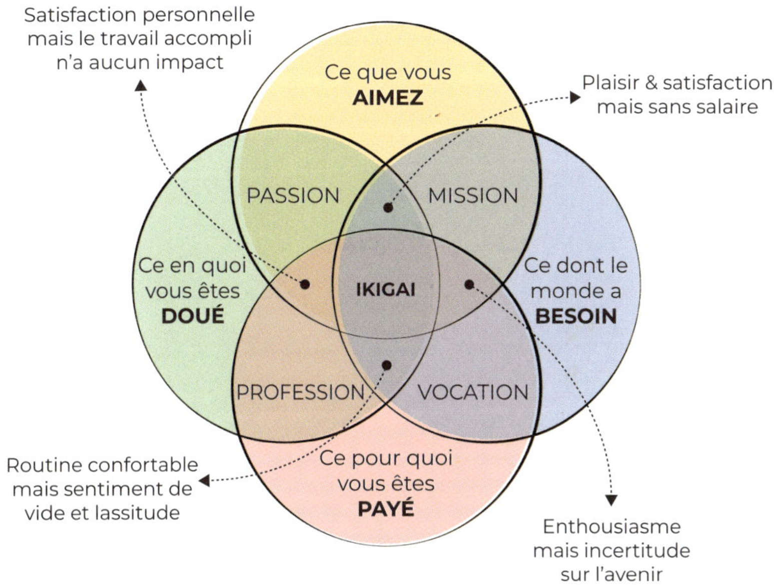

Grâce à cet exercice, on se rend compte que le bonheur est une question d'équilibre entre ces différentes sources. Et qu'une passion peut devenir la source d'un travail. Tu peux t'appuyer sur l'*ikigai* pour trouver de nouvelles idées à explorer, pour t'essayer à un nouveau métier, pour développer une capacité ou pour enrichir tes connaissances.

Dans tous les cas, c'est un formidable moyen pour identifier ses sources de bonheur et les cultiver !

TÉMOIGNAGE

Créer son entreprise

Prénom :
Audrey

Âge :
30 ans

Métier :
Chef d'entreprise – illustratrice

Projet concrétisé :
Création de ma maison de papeterie, l'Atelier Eksento.

Pourquoi ce projet ?
Après plusieurs années dans une agence de publicité au poste de Key Account Manager, je me suis rendu compte que ma sensibilité créative – présente depuis mon plus jeune âge et développée lors de mes études supérieures en design textile et design d'intérieur – n'était pas suffisamment nourrie. Le directeur de l'agence partageait beaucoup le quotidien et la gestion de l'entreprise avec notre équipe, et c'est ainsi que j'ai acquis plusieurs compétences qui m'ont donné envie de voler de mes propres ailes en créant un business qui me ressemble. C'est, tout naturellement, après avoir illustré la papeterie de mon mariage, que je me suis tournée vers le marché des faire-part de mariage et de naissance à l'aquarelle – support utilisé depuis mon enfance et vraiment adopté durant mes études en arts.

Par la suite, et sans m'y attendre, les clients sont venus à moi pour me demander des logos, des illustrations pour des oracles, pour des livres, etc.

Difficultés rencontrées :

Le départ de mon entreprise et les débuts de sa création se sont déroulés assez sereinement, car j'avais la chance de percevoir des indemnités de chômage, et je me répétais que, si ça ne fonctionnait pas, ce n'était pas grave, que j'aurais au moins essayé !

Et puis, grâce aux réseaux sociaux et aux moyens de communication *via* la publicité, j'ai rapidement eu plusieurs commandes, et c'est à ce moment-là que les craintes sont arrivées : et si tout s'arrêtait, comment rebondirais-je ? Et si je n'avais pas assez de demandes, comment allais-je me rémunérer ? Comment me démarquer d'une concurrence forte ? Comment équilibrer la vie personnelle et professionnelle ?

Il y a beaucoup d'entreprises et de créateurs sur ce marché qui évolue rapidement, il faut donc toujours se remettre en question, toujours plus produire et créer pour continuer d'évoluer. Cela demande beaucoup d'investissement personnel au quotidien, que ce soit en termes de temps, mais aussi dans sa capacité à inventer, à produire.

J'ai également construit une trésorerie me permettant d'être sereine financièrement et d'appréhender plus facilement le passage d'auto-entrepreneur à SARL (depuis janvier 2020).

Et la solution pour un bon équilibre personnel et professionnel ? Je cherche encore !

Ce que tu as appris sur toi grâce à ce projet :

Le lâcher-prise ! J'ai appris à être moins dans le contrôle et à me faire confiance en gardant en tête le mantra : « Quoi qu'il arrive, tout ira bien ! » Je suis beaucoup moins stressée lorsque je pense à l'avenir, je vis au jour le jour.

Ma sophrologue m'a aussi bien aidée dans mon cheminement.

Projet futur ou en cours :

Je souhaiterais développer des gammes de produits pour la maison et pour le quotidien.

L'ESSENTIEL

- Déterminer si l'objectif est atteint ou non.
- Accepter une réussite partielle comme succès.
- Prendre conscience qu'un échec n'en est pas un, si on apprend de celui-ci.
- Être reconnaissant de tout ce que l'on vit et apprend.
- Cultiver sa joie et ses nouvelles idées.
- Réessayer de réaliser son projet autrement en cas d'échec, ou en commencer un autre.
- Booster sa créativité.

Conclusion

J'ai raté 9 000 tirs dans ma carrière. J'ai perdu presque 300 matchs. Vingt-six fois, on m'a fait confiance pour marquer le tir gagnant *et j'ai raté. J'ai échoué encore et encore et encore dans ma vie. Et c'est pourquoi j'ai réussi.*

– Michael Jordan

Je ne vais pas te le cacher, j'ai eu beaucoup de mal à écrire cette conclusion. J'ai repoussé et repoussé ce moment pendant deux semaines. Je crois que je ne voulais pas que ça se finisse. Je suis tout « émotionnée » en écrivant ces mots. Parce que la conclusion, c'est la fin d'une aventure, mais le début d'une nouvelle. C'est exactement ce que j'ai voulu faire avec ce guide, un cycle perpétuel. Dans ta vie, tu as eu, tu as et tu auras toutes sortes de projets. Je pense que les magnifiques témoignages qui sont venus enrichir mon livre t'auront montré qu'il y a autant d'idées que de façons d'être heureux. J'espère sincèrement que, quelle que soit l'issue de ton projet, tu auras apprécié ce bout de chemin que l'on aura fait ensemble. Écrire ce livre m'a beaucoup apporté, et j'espère du fond du cœur qu'il pourra continuer à te faire fleurir en même temps que tes idées ! N'hésite pas à le relire, à y prendre des notes, à corner des pages. Fais vivre ce guide, car son seul et unique but, c'est de t'aider à devenir la magnifique personne que tu es.

Dans ce guide, j'ai voulu semer les graines du développement personnel. Je sais que cette branche du bien-être peut parfois susciter des *a priori*. Quand on voit un livre intitulé *Comment être heureux*, on peut se dire qu'il n'y a que les gens déprimés qui sont intéressés par ce genre d'ouvrage. Mais je suis intimement convaincue que nous pouvons tous bénéficier de mieux nous connaître et de cultiver nos sources de bonheur. Depuis plusieurs années, je me suis demandé comment initier en douceur les gens au développement personnel. Après de nombreuses observations et réflexions, j'ai compris que la réalisation de nos projets participait grandement à notre plein épanouissement. C'est pourquoi j'ai choisi d'aborder ce thème dans ce tout premier livre.

Via des astuces et conseils pour concrétiser ses idées, j'ai entrepris de partager quelques pistes de développement personnel. J'espère que tu auras apprécié ces découvertes ou redécouvertes. Peut-être as-tu pris conscience de quelques petites choses sur toi, et peut-être aussi que ça t'aura donné envie de creuser un peu plus le sujet.

Il existe des milliers de livres de développement personnel. Il y a autant de méthodes, de concepts et de thèmes que d'auteurs. D'ailleurs, je te fais partager de nombreuses références dans la partie « Aller plus loin ». Encore une fois, comme en introduction à ce livre, je t'invite à toujours croiser les sources d'information et à faire preuve d'esprit critique pour te forger ta propre opinion. Le développement personnel est un excellent moyen pour t'ouvrir l'esprit, identifier tes mécanismes de pensée et mettre le doigt sur ce qui te rend vraiment heureux.

Mais, ce qui est formidable, c'est qu'il te permet en même temps de mieux comprendre les autres, de mieux interagir avec eux et d'établir des relations saines. C'est, là aussi, un magnifique cercle vertueux sans fin, et c'est Nelson Mandela qui l'illustre le mieux, à mes yeux : « En faisant scintiller notre lumière, nous offrons inconsciemment aux autres la permission d'en faire autant. » S'autoriser à être heureux, c'est montrer la voie pour tous les autres. Le développement personnel, *via* l'épanouissement individuel, s'avère être est un outil socialement bénéfique. En apprenant sur soi, on s'ouvre aux autres avec bienveillance. Continue à semer les graines de ton bonheur sur ton chemin, tu verras que des fleurs pousseront aussi chez tes voisins.

Tu peux être fier d'avoir cru en tes idées. Tu peux être fier d'avoir tout donné pour les réaliser. Tu peux être fier de toi d'avoir fini cette lecture. Tu peux être fier d'avoir réalisé tous ces exercices qui n'ont pas toujours été faciles, je le sais. Tu peux être fier de tout le chemin que tu as parcouru dans ta vie. Tu peux être fier de la personne que tu es aujourd'hui. Et crois en celle que tu seras demain. Je crois en toi. Merci de m'avoir lue, et à très vite sur les réseaux sociaux !

Émilie Rose Poudré

Remerciements

À ma très chère communauté,

Depuis 2012, vous avez changé ma vie. Vous avez bouleversé toutes mes prévisions de futur. Je n'aurais jamais imaginé une seconde vivre cette vie. Vous m'avez accompagnée durant ces années, vous m'avez vue grandir, évoluer, sourire et pleurer. Vous faites partie de ma famille. Ce livre, je vous le dédie, je l'ai créé pour vous. C'est vous qui me l'avez demandé, encore et encore, sans le savoir. Je ne compte plus le nombre de messages que j'ai reçus pour me demander comment débuter dans le développement personnel. Comme je ne trouvais pas le livre à vous conseiller, je l'ai créé. Et, sans le savoir, cet exercice d'écriture m'a transformée. Vous avez ma gratitude éternelle. J'espère de tout cœur qu'il vous plaira. Merci à tous et à toutes !

À mes proches,

J'ai parfois douté, j'ai traversé des moments difficiles, des remises en question, des changements de direction. Vous étiez là. Vous avez toujours été là, chacun à votre manière, chacun à un moment décisif de ma vie. Je ne serais pas devenue la femme que je suis aujourd'hui sans votre soutien. Et vous continuez de m'accompagner sur cette route pleine d'inconnues et de surprises ! Merci pour vos oreilles, vos épaules, nos rires, nos larmes, votre amour. Merci d'être les piliers de ma vie. Je vous aime.

Aux sept incroyables personnes qui ont accepté de partager leur témoignage,

Je suis tellement reconnaissante que vous soyez tous et toutes présents ici. Je suis convaincue que nous avons tous une histoire à raconter. Et je suis d'autant plus certaine que nous avons tous à apprendre les uns des autres. Vos témoignages m'ont tous énormément émue, et je sais qu'ils sauront toucher le cœur de mes lecteurs. Je vous remercie mille fois de faire partie de mon aventure !

À Caroline Frisou, directrice d'ouvrage,

Ma bonne fée, l'outil du destin ! Je me souviendrai toujours de cet instant qui a changé ma vie : ton message. Merci de m'avoir donné les moyens d'éclore et de faire fleurir ce projet ! Je n'aurais jamais pu le faire sans ce coup de pouce de la vie. Merci d'avoir cru en moi !

À mon illustratrice, Audrey, Atelier Eksento

Encore une rencontre qui était écrite ! Un jour, je suis tombée sur une femme talentueuse et je me suis dit : « C'est elle ! » Et Audrey, tu as tout de suite accepté ; tout s'est fait simplement. Un grand merci à toi pour ta patience, ta sensibilité et toutes tes merveilleuses créations. Je n'aurais pas pu rêver d'un plus beau livre. Merci !

À ma maison d'édition, Guy Trédaniel, et en particulier à Sophie,

Il nous aura suffi d'une rencontre pour nous dire oui. Je suis tellement heureuse d'avoir la chance de figurer parmi vos auteurs ! Merci à vous pour votre accompagnement et votre disponibilité. L'humain est au centre de vos valeurs, merci d'avoir été si attentionné.

À tous ceux qui ont croisé ma route,

Toutes mes rencontres, joyeuses, difficiles, éphémères ou non. Mais aussi tous les auteurs, les coaches, les créateurs. Je remercie tous les gens qui, parfois sans le savoir, m'ont fait grandir. Merci à vous tous !

Aller plus loin

Si tu as envie de continuer ta découverte du développement personnel, voici une liste non exhaustive d'ouvrages que j'aime énormément et que je te conseille :

Ta deuxième vie commence quand tu comprends que tu n'en as qu'une, Raphaëlle Giordano, Eyrolles, 2015.
Roman d'introduction au développement personnel, avec des exercices à réaliser en même temps que l'héroïne. Mon roman prise de conscience qui a changé ma vie.

La Puissance de l'acceptation, Lise Bourbeau, Pocket, 2017.
Méthode imagée à travers des exemples de vie concrets qui expliquent comment accepter les relations, les blessures, les peurs et les deuils. Un indispensable, pour moi.

Les Quatre Accords toltèques, Don Miguel Ruiz, Jouvence, 2018.
Une méthode simple et juste pour être plus heureux avec soi et les autres. Si je ne devais en choisir qu'un, ce serait celui-là.

Les 5 blessures qui empêchent d'être soi-même, Lise Bourbeau, Pocket, 2013.
Comprendre nos traumas, leurs répercussions sur notre vie et nos rapports avec les autres. Livre pas toujours simple à lire, mais tellement important !

L'Âme du monde, Frédéric Lenoir, Pocket, 2014
Magnifique conte philosophique et spirituel sur le sens de la vie, vu par tous les grands penseurs du monde.

Kilomètre zéro : le chemin du bonheur, Maud Ankaoua, Eyrolles, 2017.
Roman initiatique sur le dépassement de soi. Un voyage au cœur des Annapurnas et à l'intérieur de soi.

Miracle Morning, Hal Elrod, First, 2016.
Partage du parcours de l'auteur et explication de la méthode de développement personnel matinale.

Le Guide pratique Miracle Morning, Laura Mabille, First, 2016.
Très complémentaire du livre d'Hal Elrod, plus terre-à-terre, avec des exercices pour facilement mettre en place le Miracle Morning.

Les 4 Sagesses indiennes, Caroline Frisou, Leduc.s, 2019.
Méthode sur la résilience pour avoir confiance en la vie, accepter ce qui est et croire en ce qui sera.

La Métamorphose de Raphaël, Patrice Lepage, Eyrolles, 2017.
Roman de développement personnel sur l'introspection en pleine nature. Une vraie bouffée de bonheur !

Le Livre de l'ikigai : la méthode japonaise du bonheur, Bettina Lemke, Hugo Document, 2018.
Explication en détail de la philosophie japonaise pour trouver le sens de notre vie. Cahier d'exercices inclus et très bien fait.

Comme par magie, Elizabeth Gilbert, Calmann-Lévy, 2016.
Comment trouver et faire éclore l'inspiration ? Une perception spirituelle très intéressante.

Marche où la vie t'ensoleille, Juliette Allais, Eyrolles, 2017.
Roman de développement personnel sur le sens de la vie. Très accessible et très beau.

100 % bonheur, Raphaëlle Giordano, Mango, 2020.
Cahier à remplir dans la suite de *Ta deuxième vie commence quand tu comprends que tu n'en as qu'une*. Exercices journaliers.

Les dieux voyagent toujours incognito, Laurent Gounelle, Pocket, 2012.
Roman de développement personnel sur le destin et notre pouvoir de changer les choses.

L'homme qui voulait être heureux, Laurent Gounelle, Pocket, 2010.
Roman de développement personnel sur le pouvoir de la pensée.

Inspirations, Natacha Birds, Hugo Image, 2018.
Beau livre autobiographique sur l'inspiration avec des conseils pratiques.

Le Livre des petites révolutions, Elsa Punset, Solar, 2017.
Plein d'astuces et d'exercices de développement personnel.

Et j'ai dansé pieds nus dans ma tête, Olivia Zeitline, Solar, 2017.
Roman de développement personnel sur l'intuition. Très poétique.

Je rayonne jour après jour, Carole Pirmez, Peggy Tournigand, Jean-François Ruiz, Marie Claire Éditions, 2017.
Livre d'exercices de développement personnel, qui traite de tous les domaines de la vie. À faire sur l'année à raison d'un chapitre par semaine.

Merci, mon cahier de gratitude, Tardy & Bretin, Solar, 2016.
Cahier de listes et exercices de gratitude à remplir, très illustré et agréable.

pca
cmb
édition pré-presse
livres numériques

44400 Rezé